R. 2235
c.

TRAITÉ CURIEUX

DES

CHARMES

DE

L'AMOUR CONJUGAL

DANS

CE MONDE ET DANS L'AUTRE.

OUVRAGE

D'ÉMANUEL DE SWEDENBORG

TRADUIT DU LATIN EN FRANÇAIS

Par M. de Brumore.

Quod fit, quod non fit, quis poffit dicere verum

A BERLIN ET BASLE,

chez George-Jacques & J. Henri Decker.

1784.

A
SON ALTESSE ROYALE
MONSEIGNEUR
LE PRINCE HENRI
DE PRUSSE
FRERE DU ROI.

MONSEIGNEUR,

En plaçant Votre augufte nom
à la tête de cet Ouvrage, j'ai
moins cherché à le faire valoir

encore par l'éclat qu'il pouvait lui donner, qu'à Vous glorifier Vous-même de la protection que VOTRE ALTESSE ROYALE fait accorder à ceux qui recherchent la vérité dans tous les genres.

C'eft fous celle du Monarque Français que la nouvelle doctrine de *Swedenborg* vient d'être publiée *), & c'eft fous la Vô-

---

*) La traduction de la doctrine célefte par SWEDENBORG & imprimée à Londres par R. Hawes, eft dédiée au Roi de France, & dans l'épitre dédicatoire on y lit ce qui va fuivre. „ Puifqu'au„jourd'hui jufqu'aux Grands de la terre „ recherchent la vérité, il eft de leur

tre que je mets en ce moment celle dont j'ofe ici Vous faire hommage. En laiffant à Votre jugement à prononcer fur fon mérite, j'aurai toujours eu celui de Vous donner dans cette occafion une nouvelle preuve de tous les fentimens dans lefquels

---

„ devoir de la protéger & de la faire
„ aimer par leur exemple; fallait-il un
„ motif plus puiffant, pour m'engager
„ à reclamer Votre protection royale
„ pour un Ouvrage qui mérite à tant
„ d'égards celle de tous Princes ver-
„ tueux — — Puiffe, SIRE, Votre
„ règne être de longue durée pour le
„ bonheur de Vos fujets; puiffe-t-il
„ fe montrer jufqu'à la fin, le règne de
„ la juftice & de la vérité! —

je ferai toute ma vie avec le plus
profond respect

MONSEIGNEUR,

DE VOTRE ALTESSE ROYALE

le très-humble & très-
obéiffant ferviteur,
DE BRUMORE.

AVERTISSEMENT

DU

TRADUCTEUR.

Le Public a pour l'ordinaire si peu de goût pour la traduction d'un Auteur ignoré, qu'il est peu de personnes qui soient tentées de partager son indifférence, en prenant la peine de le traduire. —

Cette réflexion ne m'a pas plus arrêté que le jugement équivoque qu'on a porté, & qu'on porte encore aujourd'hui de M. de SWEDENBORG, fans l'avoir connu, fans l'avoir lu, fans avoir examiné, comparé & difcuté fes principes, enfin fans s'être donné la peine de méditer & d'approfondir une doctrine qu'on réprouve fur la feule apparence de l'extraordinaire du merveilleux & de la nouveauté. —

Pour qu'on ne m'accufe pas moi-même de l'enthoufiafme qu'on lui fuppofe, fans prétendre établir ni contredire fes maximes, je garderai pour moi le fecret de ma croiance, fans chercher à déterminer celle d'autrui; tout changement d'ailleurs coûte à l'habitude, toute nouveauté étrangere à une opinion préconçue, n'eft pas toujours fûre de l'emporter même par la démonſtration & l'évidence, parce qu'il faut de la force pour réſiſter au torrent, & qu'il n'en faut pas pour le ſuivre; ainſi j'abandonnerai le ſort de cet Ouvrage au jugement de ceux qui le liront, en leur diſant ſeulement que la vérité eſt un fruit de culture, que c'eſt au travail à développer ſon germe, comme c'eſt à l'application à le mûrir.

Malgré toute la ſingularité de la nouvelle doctrine de Swedenborg, malgré le merveilleux de ſes principes & la nouveauté de ſes idées, les différentes traductions qu'on vient de faire de ſes œuvres, tant en France, qu'en Hollande & en Angleterre, prouvent qu'il n'eſt pas moins intéreſſant que ſingulier; & combien n'eût-on pas peut-être augmenté le nombre de ſes partiſans, ſi dans les différens Traités qu'on a déja traduit, on eût pris ſoin d'élaguer toutes les répétitions, & les preuves théologiques à travers leſquelles tout le monde n'eſt pas fait pour atteindre juſqu'aux vérités qu'il veut établir.

Un homme connu & diſtingué dans la République des Lettres par la profondeur de ſon érudition, a peut-être trop reſpecté ſon auteur dans la traduction qu'il vient de faire des merveilles du Ciel & de l'Enfer, en lui conſervant ſon abondance & ſa prolixité; & quelque diſpoſé que puiſſe être aujourd'hui le goût du ſiecle pour tous les genres du merveilleux, on n'en eſt pas moins fâché d'avoir à dévorer l'en-

nui des répétitions & des détails ;
avant d'arriver à l'intéreſſant & au
ſublime de ce nouveau ſiſtême. C'eſt
donc pour éviter le même reproche,
que ſans m'aſſujettir à une traduction
littérale, je me ſuis particulierement
attaché, en conſervant toujours le
ſens & l'eſprit de l'Auteur, à le dé-
gager de toutes ces citations & ces
longueurs qui, en partageant ſans
ceſſe l'attention des lecteurs, euſſent
fait perdre à l'Ouvrage le mérite qui
le rend précieux par la beauté de ſes
images & la ſingularité de ſes idées.

Il lui fallait, ſi je peux m'expri-
mer ainſi, un habit à la françaiſe,
pour en rendre la lecture agréable
pour tout le monde, je me ſuis permis ſon traveſtiſſement ſans défigu-
rer ſes traits; & c'eſt par ceux qui

prendront la peine de les comparer
que je veux que ma traduction foit
jugée, comme j'efpere qu'après l'a-
voir lue, on conviendra qu'on n'a
jugé jufqu'à-préfent M. de SWEDEN-
BORG que fur des conclufions anti-
cipées.

Il eût fans doute été intéreffant
pour le Public de trouver à la tête
de cet Ouvrage quelques détails de la
vie hiftorique & privée de cet homme extraordinaire, qu'on peut regarder comme le nouvel inftituteur
d'une doctrine qui fe propage, &
qui s'étend chaque jour de plus en
plus. La fingularité de tous les phé-
nomènes, qu'on s'accorde à lui prê-
ter, eft concentrée parmi ceux qui
l'ont particulierement connu; & c'eft
parce qu'ils refufent encore d'en com-

muniquer les preuves, que ceux mêmes qui ont cherché à l'accrédi-
ter davantage, se sont tûs sur tout ce
qu'ils auraient pu en rapporter.

M. l'Abbé Pernety a craint lui-
même de dire à cet égard tout ce
qu'il en savait. J'ai vû & connu
plusieurs personnes dignes de foi,
qui malgré toute la conviction où
ils pouvoient être des choses mer-
veilleuses, dont M. de Swedenborg
les avait rendus témoins, ont toujours refusé d'être les premiers à les
attester au Public, tant on redoute,
en lui rendant témoignage, de paraître aussi singulier que lui. Cependant on est avide de tout ce qui vient
de lui, cependant on rencontre par-
tout des gens qui vivent selon ses
préceptes, & qui professent haute-

ment fa croyance. On s'accorde cependant généralement à dire, que tous
fes écrits ont la pureté de fon efprit,
de fon caractere, & de fes mœurs,
& tout en le combattant, tout en
lui difputant la réalité de fes révélations & de fes vifions, on fent intérieurement qu'il en coûte au cœur
pour les combattre.

Une chofe qui n'eft pas moins
faite pour fufpendre le jugement,
qu'on pourrait porter fur fa nouvelle
doctrine, c'eft le grand nombre d'é-
crits qui s'impriment aujourd'hui fur
cette matiere, ce font encore toutes
ces branches ifolées, qui fe quali-
fient chacune du nom particulier qui
les diftingue, tel que celui de caba-
lifte, d'illuminé, d'initié &c. & qui
toutes fuivent de plus ou moins près

la route que SWEDENBORG a femblé vouloir rendre commune à tout le monde; c'eft enfin cette propenfion au merveilleux devenue prefque aujourd'hui générale, & qui s'accroît chaque jour par le befoin d'être éclairé.

Sans me hazarder à prononcer fur le mérite de cette nouvelle doctrine, je ne crains pas de dire, que ne fût-elle que le fruit du génie, elle peut paffer pour être le fruit de la raifon, s'il n'eft pas poffible de prouver qu'elle foit le fruit de la vérité. En effet fon but eft toujours fage, & fes préceptes tendent tous également à nous rendre heureux, en mettant à notre portée un avenir qui nous engage à rechercher la perfection qui conduit au bonheur. Toujours

grand toujours élevé,' toujours fublime dans tout ce qu'il avance , on
conçoit difficilement, comment l'enthoufiafme de fes idées peut s'accorder avec la méthode & l'ordre de
fes écrits , & ce qui prouve encore
tous les motifs particuliers, fur lefquels il a établi lui - même fa perfuafion & fa croyance , c'eft cette
unité de principes, qui ne s'eft jamais ni contrariée ni démentie dans
tous les différens Ouvrages que nous
avons de lui.

Ce fut également fur ces mêmes
principes qu'il regla les dernieres an-
nées de fa vie , préférant les loifirs
tranquilles de fa retraite aux faveurs
de la Cour de Suede , où il étoit chéri , & aux invitations nombreufes
de fes amis, qui mirent tout en œu-

vre, pour le fixer en Angleterre, où
fa réputation l'avait fait connaître,
& où l'on affure qu'il avait prouvé
la poffibilité de la *bilocation*, qui a
fait contefter à APOLLONIUS de Thya-
ne la vérité de fes prodiges. Entierement indifférent fur toute efpece d'intérêt, fon infouciance pour fa
fortune & peut-être l'examen qu'on
fit à Stocholm de fon aifance particuliere, le firent claffer parmi ces
adeptes heureux, qu'on ofe dire har-
diment que le Ciel favorife encore
quelquefois, pour que l'arbre de la
fcience ne périffe pas entierement fur
fa tige. Cependant on peut affurer
ici d'après des preuves particulieres,
que M. de SWEDENBORG ne fut pas
de ce nombre; mais on peut conclurre de fon intimeté avec un homme auffi extraordinaire que lui, que

l'unanimité de fentimens rendait entr'eux tous les moyens communs, &
que c'était dans les reffources de cette liaifon qu'il en trouvait pour tout
le bien qu'il voulait faire. (*a*)

Ce qui a donné lieu à cette con-
jecture fans doute, c'eft qu'après fa
mort, on ne lui a pas trouvé la for-

(*a*) Cet homme extraordinaire qui s'eft
donné le nom d'ELIE ARTISTE dans
plufieurs Ouvrages, qui ont paru dans
le Nord de l'Allemagne, eft encore
un des prodiges de notre fiecle. Né
de la plus baffe extraction, fans éducation & fans étude, guidé par une
forte d'enthoufiafme furnaturel, en
moins de deux ans il a parlé prefque
toutes les langues. Il a écrit plufieurs
Ouvrages, toujours fur le ton d'un in-
fpiré, & fur-tout un Traité du grand
œuvre que tous ceux qui y croient,
regardent comme la clef de l'art.

tune qu'on lui foupçonnait, & que raifonnant alors de toutes fes prodiga-
lités fecrettes par la médiocrité des
facultés qui lui étaient propres , on
a été forcé de les regarder comme
les contributions de l'amitié entre
deux hommes auffi particulierement
unis , & qui avaient tant de reffemblance. (*b*)   Ce n'eft donc ni par in-

---

(*b*) Il eft connu qu'en Saxe, en Suede,
en Angleterre, à Bremen, à Altona,
& à Hambourg, M. de SWEDENBORG
y a foutenu & relevé plufieurs maifons, dont on a trouvé les reconnaif-
fances & les billets rayés & biffés de
fa main; indifférent pour tous les cul-
tes, il était indiftinctement bienfai-
fant pour tous les hommes , & l'on
porte à plufieurs millions le calcul des
fecours qu'il a fourni, quoique fur fa
modeftie & fa fimplicité il eut été bien
difficile de le foupçonner d'être en

terêt, ni par befoin que M. de SWE-
DENBORG a écrit, ce n'étoit donc ni
l'amour de la gloire, ni l'envie d'acquérir quelque célébrité qui dirigeait
fa plume, abfolument perfuadé &
convaincu de la vérité de fes nouveaux dogmes, il en eût été le mar-
tyr, tant il en refpectoit la fource,
& il a rendu lui-même à fon tour
fa perfuafion refpectable, en vivant
conformément à fes maximes, en
disant

état de faire d'aufli grandes chofes.
On a fpécialement defigné la Banque
d'Hambourg, pour être celle où fes
correfpondans particuliers traitaient
des lingots qu'il y faifoit paffer avec
ELIE. Ce que j'en ai pû apprendre
moi-même fur les lieux, c'eft que ce
dernier y a fait en ce genre toutes les
preuves, qui peuvent déterminer la
conviction.

difant aux Grands la vérité, en cherchant à inftruire, à éclairer fes femblables, & en faifant du bien à tout
le monde.

On peut dire de cet Ouvrage qu'il
eft l'effence & l'efprit de tous les
autres. Il renferme en effet toute la
bafe de fa doctrine, qui fait dépen-
dre tous les êtres du feul befoin d'aimer & d'être aimé, dans le paffé,
dans le préfent, comme dans l'avenir, tout eft amour, dans toutes les
fpheres terreftres & céleftes, tout eft
encore amour, depuis la Divinité
même jufqu'aux derniers degrés de
la nature, tout tient & correfpond
encore à la chaîne de ce grand principe. C'eft par ce fentiment qu'on
eft heureux, c'eft par la rencontre
des deux moitiés deftinées à être

unies que peut se former un tout parfait, c'est par le développement des résultats qu'il le prouve, & qu'il le démontre, & laissant même à part tous les brillans détails des révélations, qui lui sont particulieres, il est quelquefois bien difficile dans le fond de son cœur de ne pas être d'accord avec lui.

DES
CHARMES DE L'AMOUR
DANS
CE MONDE ET DANS L'AUTRE.

IL n'y a point de doute que la plû-part de ceux qui liront cet Ouvrage, ne le regarderont que comme le fruit d'un cerveau exalté, ou l'effet d'une imagination échauffée ; mais j'affure avec toute vérité, que je n'avance rien qui ne m'ait été fpécialement révélé, ou que je n'aye vû clairement & dis-

tinctement de mes propres yeux , étant
bien éveillé ; car il plut à Dieu de se
manifester à moi , & de m'envoyer pour
enseigner la nouvelle Eglise dont il est
mention dans l'Apocalipse ; c'est pourquoi il lui a plû d'éclairer jusqu'à l'intérieur de mon ame , & de fortifier
l'entendement de mon esprit , en m'accordant pendant vingt-cinq ans de mon
séjour en ce bas monde , une communication avec les Anges , & une connaissance entiere de ce qui se passe dans
la sphere qu'ils habitent. ――

Un Ange m'apparut , venant à moi
de l'Orient , sonnant de la trompette
vers le Septentrion, l'Occident & le Midi ; il était à demi couvert d'une échar-
pe , dont les plis flottant avec grace,
laissaient appercevoir une robe ornée de
saphirs & de rubis , dont rien ne pouvait égaler l'éclat : il semblait plûtôt

marcher dans les airs que voler. Etant ainſi lentement deſcendu ſur la terre, & m'ayant apperçu il vint à moi. J'étais alors dans une eſpece de raviſſement. Un peu remis de ma ſurpriſe, pourquoi, lui dis-je, le ſon bruiant de la trompette que je viens d'entendre? & comment ſe peut-il faire que vous ayez marché ſi tranquillement dans la plaine des airs? quelle route nouvelle & inconnue avez-vous priſe pour venir juſqu'à moi?

Je ſuis envoyé, me répondit l'Ange, pour aſſembler ſur cette montagne tous les ſages du monde chrétien; car ce fut ſur une colline tournée du côté du Midi, que j'eus cette apparition; je viens, ajouta-t-il, les aſſembler ici, pour les interroger ſur ce qu'ils penſent des joies céleſtes, & du bonheur éternel. La cauſe de ma miſſion vient de ce que quelques habitans de votre monde, ayant été admis parmi nous, ils nous ont affurés qu'il n'y a pas un feul homme fur la terre, qui foit parvenu à fe former une idée des plaifirs que nous goûtons. Tout l'empire célefte étonné m'a dit: defcendez au féjour des mortels; cherchez & prenez avec vous les plus fages; interrogez-les, inftruifezles; &, s'il eft vrai que leur ignorance foit fi profonde fur le fort qui les attend, quand ils auront quitté la vie, vous leur ouvrirez les yeux. Attendez donc ici, reprit-il encore, vous les verrez venir en grand nombre; le bras, dont vous ne connaiffez pas, comme nous, la puiffance, difpofera pour eux un azyle pour les recevoir. —

Demi-heure après je vis arriver plufieurs troupes du côté de l'Orient, du Septentrion & du Midi; l'Ange, en fonnant de fa trompette, les amena l'une après l'autre , chacune dans le lieu qui lui était deftiné. Toutes ces différentes troupes me femblerent être au nombre de fix , auxquelles fuccéda une feptieme bande , que l'éclat de l'Orient, où elle était placée , m'avait empêché dabord d'appercevoir. L'Ange leur ayant expliqué le motif qui les raffemblait, les différentes cohortes fe rapprocherent & recueillant chacune leurs idées fur les joies du Paradis , elles exprimerent ainfi leurs opinions chacune à fon tour.

La premiere bande venue du Septentrion, déclara que cette joie ineffable, n'était autre chofe qu'une jouiffance continuelle d'un bonheur non interrompu, commune aux fens comme à l'efprit; qu'on l'éprouvait dès qu'on était introduit dans le Ciel; que la joie dont il s'agiffait, pouvait, à proprement par-

ler, s'appeller l'inftant de cette intro-
duction dans la fphere célefte.

La feconde bande du Septentrion
dit, que ce bonheur devait confifter
dans les charmes de la fociété angélique, qu'on devait rencontrer dans ces
régions céleftes ; que là, chacun felon
fon plaifir s'entretenait, caufait, apprenait ce qu'il avait ignoré, qu'enfin on
y paffait l'éternité fans s'en appercevoir
toujours dans les délices, dans l'enchan-
tement & le plaifir. —

La troifieme bande qui était une
des premieres troupes arrivées de l'Occident, foutint au contraire que la joie
célefte n'était & ne pouvait être qu'une
continuation de fêtes & de feftins avec
Abraham, Ifaac & Jacob ; qu'on trouvait des tables chargées des mets les
plus délicats, des buffets couverts des
vins les plus exquis ; qu'à ces repas dé-

licieux fuccédaient des danfes dont mille vierges faifaient l'ornement, tantôt par l'agrément de leur légéreté, & tantôt par la mélodie de leurs chants; qu'enfin du foir au matin, c'étaient toujours nouvelles réjouiffances en ce genre, & qu'ainfi fe paffait la longueur de l'éternité fans trouver le tems de s'ennuyer.

La quatrieme, qui était la feconde bande venue du même côté, s'expliqua en ces termes : Nous nous fommes fouvent entretenus des joies du Paradis, & après nous être arrêtés fucceffivement à plufieurs opinions, voici celle qui nous a femblé la meilleure : nous nous fommes repréfenté le Paradis, comme un jardin délicieux, où la nature avait épuifé fes richeffes, fa magnificence, & fa beauté. Nous croïons qu'au milieu de ce beau jardin, eft ce qu'on appelle l'arbre de vie, qui produit des fruits d'une faveur enchantée, qui font la nourriture des Anges & des Bienheureux; & que la fubftance de ces fruits eft telle, que ceux, qui ont le bonheur d'en goûter, naiffent & renaiffent à volonté, ayant ainfi la jouïffance de tous les âges.

La cinquieme cohorte, qui était la premiere du côté du Midi, ne reconnaiffait pas de plus grand bonheur, que le plaifir de regner, de pofféder les plus grands tréfors, d'avoir des trônes, des Empires & des Anges pour leurs miniftres & leurs fujets; car, ajoutaient-ils, ne voit-on pas que dans la defcription de la Jérufalem célefte, on nous dépeint fa gloire & fa beauté dans l'image prodigieufe de fa magnificence & de fon éclat; ne nous dit-on pas que fes murs font de rubis, fes tours de diamans, fes portes d'émeraudes, que fes plaines font d'or, que cette cité eft pavée de pierres précieufes, d'où nous fommes en droit de croire, que la jouïffance de tant de biens, que la poffeffion de tant de richeffes, fait la plus grande partie du bonheur qui nous eft promis.

La fixieme bande, qui faifait également partie de la cohorte du Midi, s'écria, que perfonne, à fon avis, jufqu'alors n'avait dit vrai, parce qu'il ne pouvait pas être un bonheur plus parfait que celui de glorifier fon Dieu, de lui rendre un culte éternel, de faire retentir les voûtes céleftes des hymnes qu'on chante à fa louange, de mêler fes cantiques à ceux des Anges, qui veillent à côté de fon trône, d'avoir enfin toujours l'ame élevée jufqu'à lui, de lui adreffer fans ceffe fes prieres, avec confiance, & de le remercier toujours de ses bienfaits. Quelques-uns ajouterent à cette image, la pompe & la représentation des cérémonies qui accompagnent ici-bas son culte, telles que des processions nombreuses de Pontifes & de vierges qui précédaient, ou qui suivaient la troupe des bienheureux, pour exciter leur zèle & soutenir leur ferveur.

La septieme cohorte qui paraissait venir du côté de l'Orient, & que j'avais eu peine à fixer, à cause de l'éclat qui l'environnait, était une troupe d'Anges de la société de celui qui m'avait entretenu ; comme ils avaient été instruits de la fausseté de nos opinions sur leur bonheur, & sur leur sort, ils avaient voulu s'en convaincre. Puisque tous ces prétendus sages, dit un de ces Anges, à celui qui m'avait abordé, jugent du bonheur des élus, par la vanité & la chimere de leurs idées, formons leur un Ciel conforme à leurs opinions, & voyons fi la fatiété ne les conduira pas au dégoût, & s'ils ne fe rebuteront pas d'une jouïffance qu'ils jugent fi délicieufe & fi parfaite.

A ces mots, un d'eux précéda & fe fit fuivre de ceux qui avaient fait confifter les joies du Paradis dans les charmes des converfations angéliques ; il les introduifit dans un lieu tourné du côté du Septentrion, où était une affemblée de plufieurs perfonnes, qui, fur la terre, avaient penfé comme eux. Cet endroit était divifé en plus de cinquante appartemens, qui avaient chacun leur deftination différente. On y devifait de mille objets, dans l'un l'on politiquait ; on s'occupait des intérêts des Princes, des Monarchies, du fort des nations, de leur gouvernement, de

leur faibleffe, ou de leur force; dans
l'autre on y traitait des fujets plus agréables, on y définiffait les agrémens, les
charmes du beau fexe, & felon qu'on
trouvait la converfation de fon goût,
chacun embelliffait fon récit par la nar-
ration de quelque avanture intéreffante.
Ici la Philofophie débitait fa morale,
la Dialectique fes argumens, le Théologien même y fophiftiquait à fon gré
& abondait en paroles, pour prolonger
fa controverfe; j'eus le plaifir de parcourir tous ces différens appartemens
& d'y entendre chacun difcourir à fon
aife. J'obfervai également qu'après avoir
fuffifamment difcouru, on n'était pas
moins empreffé de quitter la place, &
de changer d'objet. J'en vis près de la
porte, fur l'air defquels étaient peints
le chagrin, la trifteffe & l'ennui. Qu'a-
vez-vous, leur demandai-je? & dans

ce féjour connaît-on donc, comme dans le nôtre, la douleur & la peine ? Hélas ! dirent-ils, nous avions cru que le bonheur réfidait en ces lieux, que les charmes de la fociété, que nous défirions, pouvait le fixer ! Il y a trois jours déja que nous y fommes, & à peine pouvons-nous entendre ce qu'on nous dit, tant la monotonie de ces éternelles converfations nous eft devenue rebutante ; le plus grand malheur, c'eft que cette porte ne s'ouvre plus à notre volonté ; & que cette idée défolante fait d'avance notre fupplice, en nous mettant fans ceffe fous les yeux la durée de nos peines & l'éternité de notre ennui. Vous voyez, leur dit alors l'Ange qui les conduifait, que l'état dans lequel vous avez fouhaité d'être, eft le tombeau de vos plaifirs. Quel eft donc ce bonheur, demanderent-ils, que nous ne connaiffons pas ? C'eft, reprit l'Ange, de faire du bien pour foi, dont les autres profitent, & cette jouïffance précieufe fe nourrit de l'amour & fe conferve par la fageffe. Les Anges n'ont pas moins que vous les plaifirs de l'inftant ; mais l'ame & la vie de celui que vous me demandez confiftent en ce que je viens de vous apprendre. A ces mots, la porte s'ouvrit, & perfonne ne demeura.

L'Ange s'étant adreffé enfuite à ceux qui plaçaient le bonheur fuprême dans les feftins, les introduifit dans une plaine merveilleufement ombragée & partagée en deux efpaces, dont quinze tables magnifiquement fervies occupaient les deux côtés. Saifis d'étonnement ils firent bien des queftions ; & l'Ange leur apprit, que telle qu'ils s'en étaient formé l'idée, la première était pour Abraham, la feconde pour Ifaac, la troifieme

fieme pour Jacob, ainfi de fuite pour
Sara, Rebecca, Lia, Rachel, en un
mot pour ces êtres prédeftinés depuis
les premiers Patriarches jufqu'aux Apô-
tres. Les nouveaux venus furent invi-
tés à prendre place; & chaque convive
ne ceffa d'admirer. Le repas fini, les
vierges vinrent animer la fête ; ce ne
fut que chants, que danfes, que fpecta-
cles & que jeux; & le jour n'était encore que fur fon déclin, qu'on vint les inviter pour le lendemain, avec la feule
différence qu'ils devaient alternativement
paffer d'une table à l'autre, & cela pendant l'infini des tems. L'Ange voulant
prévenir leurs dégoûts, les appella &
leur dit: Le Ciel a permis ce que vous
voyez pour punir & changer la vanité
de vos idées; ceux que vous prenez ici
pour les Patriarches dont nous avons
parlé, ne font que des gens ignorans

C

& groffiers comme vous , qui ont eu
la même opinion fur les joies du Paradis; fuivez - moi dans la premiere enceinte, & vous ferez témoins du repen-
tir de la plus grande partie de ceux qui
étaient à manger avec vous. Ils fuivirent, & ne virent effectivement que des
gens défefpérés de leur erreur & qui
profiterent du premier moment de liberté pour s'échapper d'un lieu où rien
n'était plus capable de les retenir. Apprenez donc , leur dit l'Ange, en s'en
allant , que nous avons dans le Ciel
tout ce que vous avez fur la terre , que
la fenfualité peut s'y fatisfaire de mille
& mille manieres, mais apprenez égal-
lement que le cœur a d'autres refforts,
dont il ne connoît l'ufage qu'en ce féjour; & que par les développemens de
ces nouveaux organes, non-feulement
le plaifir ne s'éteint pas dans la jouïffan-

ce, mais qu'il fe reproduit de telle maniere, qu'il eft inépuifable comme le
tems de fa durée; parce qu'il a fon
principe dans une tenfion d'affection in-
hérente à fa volonté; parce que ce principe émane encore de la force de l'a-
mour du grand Auteur de toutes chofes;
& que tout ce qui défole l'efprit des
hommes fur la terre, fe perd, fe confond, & s'abîme dans cet amour. —

A cette cohorte, fuccéderent ceux
qui avaient fait confifter le bien fuprême dans les richeffes, dans les empires & dans les trônes. Suivez-moi,
leur dit l'Ange, & venez jouïr de ce que
vous avez défiré. Après les avoir fait
paffer par un portique décoré de colom-
hes & de pyramides d'un goût exquis,
un nombre de palais fomptueux s'offrit
à leur vuë; & lo rs qu'ils eurent affez
raffafié leurs yeux de leur magnificen-

ce, préparez-vous, leur dit l'Ange, parce que les premiers d'entre vous vont devenir Rois pour commander & gouverner, tandis que les autres, comme les moindres d'entre vous, trouveront des Principautés.

A peine eut il ceſſé de parler, que près de chaque colomne s'éleverent des trônes, couverts de dais magnifiques, ſous leſquels étaient des tables d'or maſſif, qui portaient le glaive, le ſceptre & la couronne. Vis-à-vis de ces trônes, on voiait des eſtrades enrichies également de toutes manieres, & élevées de terre à la hauteur de trois coudées, ſur les dégrés deſquelles étaient toutes les marques de dignités & d'honneurs, enfin tous les différens attributs de chevalerie, que la vanité de l'homme inventa ſur la terre, pour lui faire oublier ſon néant & nourrir ſon orgueil;

venez & placez-vous, s'écria l'Ange; &
dans le partage qui vous attend, que
chacun de vous fe reffouvienne de ce
qu'il fut pour fonger à-préfent à ce qu'il
doit être. A ces derniers mots, chacun d'eux prit fa place. Alors je vis
une fumée épaiffe s'élever devant eux.
L'Ange m'apprit, qu'elle était montée
exprès de l'enfer, pour les étourdir davantage, en augmentant leur fantaifie
& leur délire. Dans le même tems, le
Ciel fembla s'ouvrir fur leur tête, pour
laiffer un paffage à des légions d'Anges,
qui fe diviferent en Miniftres, en Courtifans, & qui partagerent entre eux
tous les emplois d'une Cour puiffante,
fplendide & formidable. Dans ces rangs
fuprêmes l'ennui n'y fuccéda pas moins
à l'accompliffement de leurs défirs, &
rebutés comme les autres de l'unifor-
mité, ils n'éprouverent pas moins que

cette jouïſſance chimérique ne pouvait pas remplir le vuide de leur cœur. Trois heures s'étaient à peine écoulées , que le Ciel s'ouvrit une ſeconde fois & que d'autres Anges ſe préſenterent devant eux. O inſenſés ! leur dirent-ils, que faites-vous ? Revenez de votre erreur, ne voyez-vous pas que votre folie tourne à votre confuſion , à votre honte, & que parmi ces phantômes , ces ſimulacres de grandeurs , vous careſſez en vain l'idole trompeuſe qu'enfante ici pour vous l'opinion qui vous déçoit ! Allez, devenez plus éclairés , plus ſages ; ſouvenez-vous, que celui qui bâtit ſur l'orgueil eſt toujours confondu, qu'il n'eſt d'empire ſelon Dieu , que celui de la ſageſſe, & qu'il n'eſt d'autre triomphe, d'autre gloire que celle de la conſerver dans ſon cœur. Nous avons ici différens dégrés dans nos hierarchies, comme vous en avez fur la terre dans la diftinction des états & la préeminence des rangs ; mais la Providence en nous subordonnant tous également, pour la conftitution du bon ordre . & le maintien de l'harmonie, met dans les cœurs qu'elle fe choifit, les qualités qui conviennent au rang qu'elle leur deftine. A ces mots, la pompe difparut, les trônes fe briferent, le nuage qui entretenait leur folie fe diffipa & leur efprit fut guéri.

L'Ange revint à ceux qui s'étaient figuré trouver le bonheur célefte dans une quiétude, dans un repos non interrompu, dans une jouïffance paifible & tranquille de tous les biens les plus purs de la nature la plus parfaite ; venez avec moi, leur dit l'Ange, & cherchez dans le Ciel, dont vous vous êtes formé l'idée, ce bonheur qui, felon vous, doit vous fuffire. Après avoir

traverſé pluſieurs plaines charmantes,
toutes diverſifiées de mille manieres,
alternativement coupées de boſquets de
myrthes & d'oliviers, partagées par des
vergers délicieux, ou par des comparti-
mens de fleurs, dont l'émail & le parfum enchantaient tout à la fois les yeux
& l'odorat, ils arriverent enfin dans un
lieu où un grand nombre de perſonnes
des deux ſexes & de tous âges étaient
raſſemblées. Là couchées mollement ſur
l'herbe naiſſante, elles cueillaient les roſes qui les ombragaient, pour former
les guirlandes dont elles couronnaient
leur front. Les vieillards en faiſaient des
braſſelets aux jeunes gens, qui leur for-
maient à leur tour des couronnes; les
meres en ceignaient leurs enfans, & dans
l'âge où l'on cherche à plaire, les jeunes filles en faiſaient mille ornemens,
pour ajouter encore à leur beauté.

D'autres favouraient le goût des fruits, qui les avaient tentés, ou exprimaient dans des coupes d'agathe, & de porphire, le jus des raifins, que le foleil avait mûris. D'autres, fous des berceaux de lierre & de chevre-feuille, badinaient, folâtraient ou exerçaient leur imagination à inventer de nouveaux jeux, tandis que de jeunes enfans danfaient autour d'eux, en chantant les hymnes du bonheur, du contentement & du plaifir. —

L'ange ayant laiffé le tems à ces nouveaux hôtes d'admirer tout ce qu'ils venaient de voir, les fit pénétrer plus avant; & après leur avoir fait parcourir plufieurs enceintes également agréables, ils les fit arriver dans un lieu où le nouvel ombrage des citroniers, des tamarins & des orangers, en leur annonçant de nouveaux agrémens, femblaient leur promettre des images encore plus riantes, que celles dont ils venaient de jouïr. Le bruit des fontaines, le jaillissement des cascades, le murmure des eaux, leur dérobaient encore les plaintes qu'on y formait ; mais quelle surprise pour eux, de voir répandre des larmes dans un lieu où ils n'avaient encore éprouvé que l'extase, le ravissement & l'yvresse, & qu'ils croiaient impénétrable à l'amertume & au chagrin. Qu'avez-vous donc, demanderent les nouveaux venus à ce groupe affligé, dont rien ne pouvait calmer la douleur, & dans le séjour enchanteur de la félicité avez-vous donc pû encore rencontrer des peines ? Hélas ! repondirent ces personnages, que notre tristesse est profonde, & nos regrets légitimes : nous avons pensé, comme vous, que les délices que nous avons trouvées dans ces lieux,

nous fuffiraient; il y a déja fept jours
que nous y fommes, & leur jouïffance
n'a plus rien de fatisfaifant pour nous;
ce qui nous plaifait au premier moment
nous ennuie & nous fatigue; l'habitude a déja dénaturé tous les agrémens,
tous les charmes de ces jardins magnifiques; nous trouvons leurs fruits infipi-
des & fans goût, leurs fleurs fans beauté, fans éclat, fans odeur; nous avons
cherché à fuïr de ces lieux, que notre
infenfibilité nous rend affreux, nous
avons erré de détours en détours, fans
pouvoir en trouver l'iffue pour nous
échapper; nous y avons contenté, fatisfait tous nos défirs, épuifé tous nos
fens, nous n'avons plus en nous que
l'affommante idée d'une ennuieufe éternité; voilà, puifque vous nous le demandez, la fource de nos plaintes, de
nos chagrins & de nos larmes. Je

connais l'entrée & la fortie de votre Ciel, leur dit l'Ange, je vous délivrerai ; mais n'oubliez pas que le feul plaifir eft celui que l'ame tranfmet à nos fens , tandis que celui dans lequèl vous faifiez con- fifter le Bien fuprême , paffait par vos fens pour arriver à votre ame. Cher- chez-le donc déformais dans un amour qui fe rapporte à fon véritable princi- pe , & qui foit réglé par la fageffe. Nous avons comme vous la même jouïf- fance , fans nous fatiguer , fans nous laffer de notre bonheur , parce qu'elle s'entretient & fe renouvelle fans ceffe dans notre ame au flambeau de la fa- geffe & de l'amour.

Le même Ange en les quittant, abor- da ceux qui croiaient que les joies cé- leftes confiftaient dans la vifion béatifi- que & dans un culte perpétuel de la Di- vinité. Suivez-moi , leur dit-il , & il

les conduifit dans une cité, au milieu
de laquelle étoit un temple, & dont
toutes les maifons étaient autant de lieux
confacrés à la priere & à l'adoration
de l'Être fuprême; ils y trouverent une
affluence de perfonnes de toutes les nations, & une prodigieufe quantité de
Prêtres, qui exaltaient le bonheur de
leur féjour, comme le premier endroit
de bénédiction, & comme celui par où
il fallait paffer pour arriver jufqu'aux
voûtes, où la Majefté divine réfide dans
toute fa gloire. On eut foin de les inftruire des ufages, de la néceffité de paffer trois jours & trois nuits dans le temple, avant d'être initiés dans les myfteres de la fociété; & on leur recomman-
da fur - tout, de ne s'entretenir que de
matieres pieufes & faintes, en purgeant
leur cœur de tout ce qu'il pouvait avoir
confervé d'humain, de terreftre & de

profane. Après ces inftructions préli-
minaires, l'Ange les introduifit dans le
temple, où deux jours après il leur dit:
Vous êtes purifiés maintenant, avancez
jufqu'au fanctuaire, & allez jouïr du
plaifir de voir glorifier l'Être fuprême;
allez donc & glorifiez-le comme eux.
Avides du bonheur dont ils s'étaient
fi fouvent formé l'idée, ils avancent,
& que découvrent-ils ? Des gens la plû-
part endormis, d'autres à moitié éveil-
lés, d'autres encore, fur le vifage defquels étaient peints la contrainte & l'ennui, qui quittaient leurs places, renver-
faient les pupitres, déchiraient les cantiques, & brifaient les portes pour s'é-
chapper d'un lieu, où rien n'était plus
capable de les retenir.

En vain le zèle des Prêtres voulait les
arrêter & les ramener au temple; en
vain ils leur repréfentaient le bonheur

qui les attendait, s'ils voulaient fe rendre à leurs exhortations, à leurs prieres. Sourds à toutes leurs remontran-
ces, infenfibles à toutes leurs promeffes,
les uns fuyaient encore plus vîte, & les
autres bâillaient encore en s'arrachant de
leurs bras. Quatre nouveaux Anges,
qui du haut de l'Olympe avaient vû ce
qui venait de fe paffer, accoururent, &
reprochant à ces Pafteurs ignorans le
refroidiffement & le dégoût de leurs
ouailles; pourquoi, leur dirent-ils, les
avez-vous rebutés par l'ennui de vos leçons & par l'éternité de vos chants?
pourquoi les avez-vous remplis jufqu'à
la fatiété; puifqu'elle conduit toujours à
l'averfion, comme la contrainte au dé-
fefpoir, à la démence, à la folie? Il
n'eft qu'une maniere de glorifier Dieu;
c'eft de remplir les préceptes de fon
amour, & d'être utile à fes femblables;

voilà fa religion, fon adoration & fon
culte. Ils manderent enfuite les gardiens des portes du temple; ils ordon-
nerent que l'entrée & la fortie devinf-
fent libres pour tout le monde, & difparurent.

L'Ange qui avoit eu ordre de raffembler ces prétendus Sages des quatre parties du monde, les ayant ramenés au
premier endroit, leur dit : Demeurez
encore quelque tems ici; je fonnerai de
la trompette une feconde fois, & vous
verrez neuf perfonnages plus profonds,
plus éclairés, plus inftruits que vous.
L'Ange fonna; l'air rétentit, & les neuf
Sages s'avancerent le front couronné de
laurier, fans témoigner ni émotion, ni
furprife, en préfence d'un fi grand nombre de fpectateurs dont ils fixaient &
l'attention & les regards. O vous, leur
dit l'Ange, en s'adreffant à eux, ô vous
qui

qui êtes doués de la faveur singuliere
de pouvoir vous transporter, & vous élever comme il vous plaît, jusqu'au ciel
de vos idées, & qui pouvez à volonté
redescendre & retourner à la terre; in-
struisez à votre tour ces mortels; qui
vous écoutent, & racontez-leur ce que
vous savez. J'avais toujours regardé le
ciel, dit le premier, comme le centre
de toutes les béatitudes; j'avais toujours
crû que les plaisirs y étaient plus vifs,
que tous ceux qu'un amant peut rencontrer le premier jour de ses nôces dans
les bras d'une amante adorée, qui devient son épouse. Rempli de cette idée,
j'en pris la route; je franchis tranquillement la premiere & la seconde barriere, qui le séparent de notre globe; le
gardien de la troisieme barriere m'ar-
rêta, & me dit avec bonté : Mon ami,
qui es-tu? Je cherche à pénétrer jus-

qu'au ciel, lui répondis - je; fi mon de-
fir n'eft pas coupable, daignez ne pas
vous y oppofer; & il me laiffa paffer. A
fort peu de diftance j'apperçus des légions d'Anges, dont les robes étaient
toutes uniformes, & fur - tout éblouif-
fantes par leur blancheur. Voici, s'écrierent - ils, en m'environnant, un étran-
ger parmi nous, & j'entendais qu'ils
murmuraient entr'eux, de ce que j'avais
ofé paraître avec un vêtement différent.
Dans la crainte de porter la peine de
ma profanation, en demandant pardon
de ma témérité, je les fuppliais de me
revêtir comme eux. Mes inftances ne
faifant qu'augmenter leurs dédains, j'entendis un d'entr'eux s'écrier d'une voix
d'autorité: Qu'on le dépouille; qu'il
foit précipité nud fur la terre, & fon
ordre fut exécuté,

Ils raconterent prefque tous la même chofe, pour s'être hazardés avec la
même témérité, ils avaient produit le
même étonnement, ils avaient reçu le
même accueil, & ils avaient rencontré
la même difgrace & le même fort. Vous
voyez donc, leur dit l'Ange, que le bonheur ne gît pas dans les lieux, mais dans
l'état où l'on fe trouve; & que l'état le
plus parfait eft celui qui nous eft donné
par la fageffe & par l'amour. C'eft ainfi,
que dans nous - mêmes nous trouvons
notre ciel; c'eft ainfi, que formés &
modelés fur nous, vous devez vous appliquer à chercher le vôtre, & à ne pas
confondre ce principe d'amour célefte
avec ces affections infernales qui le com-
battent, qui le détruifent, & qui le
font évanouir.

L'Ange parlait ainfi, lorfqu'une voix
fe fit entendre du haut du ciel, & lui

dit : Choisissez dix Sages parmi ces étrangers, faites les monter auprès de nous ; parce que l'Eternel a permis qu'ils partagent pendant trois jours la lumiere, qui nous éclaire. Le choix fut fait au même instant ; & l'Ange les conduisit sur une montagne mille fois plus élevée qu'aucune de celles qui sont sur la surface de la terre. Delà ils commencerent à découvrir le ciel des Anges : les premieres portes s'ouvrirent, & à la troisieme, leur introducteur les quitta, pour aller annoncer leur arrivée au chef de ces intelligences. Retournez vers eux, lui dit ce Prince angélique ; qu'ils avancent jusqu'au premier parvis de mon Palais ; que mes Ministres veillent à leurs besoins, & qu'on ne leur laisse rien à désirer. L'Ange retourna ; & les Sages ravis du bon accueil, le furent encore bien davantage, en apprenant que le jour mê-

me ils feraient admis au banquet du maître, & qu'ils auraient la gloire de fe
voir affis à fes côtés. Il eft encore matin, leur dit-il, & depuis le Prince jufqu'au dernier d'entre nous, tous nos
inftans font remplis ; c'eft pourquoi, en
attendant celui du bonheur, qui vous
eft promis, venez repaître vos yeux du
luxe & de la magnificence de ces lieux.

Ils avancerent, & virent à l'entrée
du Palais un portique d'une élévation
prodigieufe, couronné d'un dôme de
jafpe & de porphire, dont les anfes ap-
puyées fur un nombre infini de colon-
nes de lapis lazuli, femblaient offrir à
leurs regards ou le chef-d'œuvre de l'art,
ou le temple du goût. Un double fron-
ton d'airain, incrufté d'or, paraiffait fortir de leurs volutes, & leur courbe com-
binée fur les proportions de leur bafe,
fe réuniffant pour former une voûte ma-

jestueuse, formait le dôme de l'édifice.
L'intérieur du Palais enchériffait encore
fur tant de magnificence ; & les habitans feuls des Cieux peuvent les imagi-
ner, les croire & les décrire. Ne vous
étonnez pas, leur dit l'Ange, de tout
ce que vous voyez, admirez plûtôt la
puiffance du grand Architecte de l'Univers ; rien n'eft ici qui ne foit l'ouvrage
de fes mains ; & ce qui nous en rend
la jouïffance délicieufe & fenfible, c'eft
la feule idée qu'il en eft l'Auteur, &
qu'il a daigné les créer pour nous. Mais
puifque le foleil n'eft pas encore à la
moitié de fa courfe, venez donc admirer le pourpris de fon Palais, les dehors de fon enceinte, & les beautés de
fes jardins. Ils fuivirent ; & après quelques pas, l'Ange s'écria : Quoi donc, votre extafe eft finie ? & à la vue de ces jardins magnifiques votre bouche eft muet-

te, & vous n'admirez plus ? Quels font donc ces jardins, répondirent les Sages, puifque nous ne découvrons ici qu'un feul arbre ? Il eſt vrai qu'il nous femble merveilleux, que fes feuilles font d'argent, que fes fruits font d'or, que fes branches font refplendiſſantes comme des pierres précieufes ; mais voilà tout ce que nous voyons : fi ce n'eſt encore une troupe d'enfans qui s'amufent & folâtrent fous fon ombrage. Cet arbre, leur répondit l'Ange, eſt un grand myſtere pour vous ! c'eſt lui qui eſt appellé l'arbre de vie ! ... Mais ne vous arrêtez pas, avancez, & vos yeux s'ouvriront. Alors les arbres de toutes efpeces fortent de terre & naiſſent fôus leurs pas, chargés des fruits les plus délicats & les plus exquis ; la vigne, en s'entrelaſſant dans leurs branches, forme de toutes parts des berceaux charmans. En les parcourant on s'égarait, on se retrouvait, & tout invitait à s'y repofer. Une lumiere pure & azurée éclairait ce féjour enchanteur; jamais fur la terre ils n'avaient eu un fpectacle fi raviffant, fi merveilleux & fi touchant. Que c'eft bien ici le Ciel, s'é-crierent-ils d'un commun accord, & que l'expreffion du plaifir dans notre bouche eft encore loin de ce que nous éprouvons dans nos cœurs! L'Ange fe réjouit de les entendre, & leur dit: O étrangers! c'eft la difpofition actuelle de votre ame qui fait, en ce moment, votre jouiffan-ce. •Que cette difpofition vous abandon-ne, ces prés, ces bofquets, ces vergers fi charmans, ne feront plus à vos yeux que des chofes fans mérite & fans prix. Il leur expliquait enfuite toutes les allégories, tous les fymboles des différens objets qu'ils rencontraient, lorfqu'on vint les avertir de fe préparer au facré banquet, qui les attendait. Ils se revêtirent d'une robe neuve qu'on leur présenta, parce que personne ne pouvait être du festin, sans s'être soumis à cet usage, & ils furent conduits dans un des appartemens du Palais, où l'Ange les présenta aux différens Ministres du Prince, qui ne devait pas tarder à s'y rendre.

Quelques momens après, une porte s'ouvrit du côté de l'Occident, & au milieu d'un cortege nombreux de gardes & de courtisans, ils virent paraître le Chef de cette superbe assemblée, qui, après les avoir fixés un moment, leur tendit la main, & leur fit signe de prendre place. A l'instant parut devant eux une table, dont l'élégeance & le bon goût répondaient parfaitement à la magnificence & à la majesté du Maître. Dans le milieu s'élevait une pyramide chargée de fruits de toutes especes, & de son centre

comme d'un réfervoir adroitement prati-
qué, pour en faire l'ornement, le Nectar
jailliffoit, comme une fource d'eau pure,
dans chaque coupe des convives. Tous fes
angles étaient remplis des mets les plus
favoureux, des ragoûts les plus délicats ;
l'appétit excité comme l'admiration en-
chaînait tous les fens ; & telle était la
prodigalité, qui régnait dans ce repas,
que l'abondance des effences, des aro-
mates & des parfums répondait encore
à tout le refte.

L'habit du Prince & de fes principaux Miniftres était une robe longue,
couleur de pourpre, parfemée d'étoiles
brodées en argent le plus fin ; fous cette
robe était une tunique couleur d'hyacin-
the, & qui en confervait l'éclat ; elle paraiffait s'ouvrir d'elle-même fur la poitrine, & laiffait à découvert un aigle tiffu
d'or, qui couvrait de fes aîles de petits

aiglons, qui femblaient careffer leur mere. La couleur de la robe marquait feulement la diftinction des rangs, & le dégré de faveur des courtifans. Le banquet
fini, chacun fe donna la main, & le Chef
commença une hymne d'actions de graces à l'Eternel, que tout le monde ré-
pétait après lui. ---

Le cantique ne fut pas achevé que
le Prince des Anges leur adreffant la
parole, les fit prendre place fur des
lits qu'on avait préparés, & il leur parla
ainfi : O Etrangers ! vous avez été choifis
parmi le grand nombre des enfans de la
terre, pour y reporter avec vous quelque idée des béatitudes de ce féjour ;
apprenez-leur que l'ombre du bonheur
eft pour les fens, & que c'eft le feul
fentiment de notre ame qui lui donne
la réalité ; que plus elle fe débaraffe des
organes qui la contrarient, & qui la

trompent, plus elle s'éleve au-deſſus de
la nature : & que plus elle parvient à la
laiſſer loin d'elle, plus elle ſe raproche
du grand principe de ſa conſtitution,
en retrouvant en elle le triple don de ſageſſe, d'amour & du ſecret de s'en ſer-
vir. Que ſont vos plaiſirs dans ce bas
monde ? des déhors trompeurs, dont
vous regrettez tôt ou tard le preſtige !
des illuſions, qui vous ſéduiſent, des
voluptés qui vous corrompent; vous bû-
vez l'amertume dans la coupe de vos chimeres; la moitié de vos jours ſe paſſe
dans l'yvreſſe, & l'autre dans le reven-
tir; parce que les ſens ſont toujours
près de votre cœur, & que l'ame oubliée
dans le choix de ces funeſtes plaiſirs,
n'en règle preſque jamais la jouïſſance.
En achevant ces mots il ſe leva; chacun ſe donna le baiſer de paix ; les
étrangers furent reconduits dans l'appar-

tement, qui leur était deſtiné, où quelques courtiſans qui les accompagnerent, leur firent les deſcriptions des cités, des villes qui étaient ſous la domination de leurs Chefs, & de tous les plaiſirs que les habitans s'y procuraient. ⸺

Le ſoir approchoit, lors qu'un Ange dépêché vers ces étrangers vint les inviter à des nôces, dont la célébration devait ſe faire le lendemain. Ils donnerent la nuit au repos ; & quoique l'impatience eût dû abréger leur ſommeil, ils ne s'éveillerent qu'aux chants harmonieux de mille vierges, & d'autant de jeunes gens, qui chantaient à l'uniſſon le bonheur de l'amour conjugal. Leur conducteur vint les avertir qu'il était tems de s'y rendre; & après s'être revêtu de la robe qu'ils avaient reçue la veille, ils le ſuivirent dans l'endroit de la fête, où les ordres avaient été donnés d'avance pour l'accueil qu'on devait leur faire. Ils furent conduits dans un appartement qui précédait celui où était la couche nuptiale ; & ils apperçurent, fur un autel, un chandelier d'or à fept branches, d'un poli & d'un travail achevés, auxquelles étaient fuspendues des lampes émaillées de mille & mille couleurs, qui répandaient une clarté telle que les tendres rayons, dont l'aurore d'un beau jour embellit la nature, lorfqu'elle commence à éclairer l'horifon. Des deux côtés de cet autel, on voyait, fur deux crédences, des pains facrés & des coupes de cryftal, qui devaient fervir au myftere de l'union des deux époux. Ils admiraient, ils confideraient tout ce qui s'offrait à leurs regards, lorfqu'une porte s'ouvrit devant eux, & leur découvrit l'époux & l'époufe, qui majeftueufement précédés de vierges & de jeunes gens d'une ravif-

fante beauté, vinrent fe placer aux deux
côtés de l'autel. Le vêtement de l'époux
ne différait de celui de l'époufe que par
un Ephod chargé de hiéroglyphes & de
fymboles & enrichi de rubis ; leurs têtes également couronnées des pierres les
plus précieufes & les plus rares, femblaient
préfager pour tous deux l'égalité de leur
empire fur leurs volontés & fur leurs
cœurs. Ils fe profternerent, fe releve-
rent, & s'affirent l'un auprès de l'autre,
après quoi l'époux en paffant au doigt
de l'époufe un anneau d'or en figne d'al-
liance & de fidélité détacha fon colier
& fes braffelets, dont il lui fit de nouveaux ornemens en lui difant: c'eft à-
préfent que je fuis à vous, c'eft à-préfent que vous êtes à moi. Auffitôt il
la prit dans fes bras, la preffa fur fon
fein, & l'embraffa pendant que toute
l'affemblée s'écria en élevant les yeux

vers le Ciel ; que la bénédiction descen-
de sur leur tête & qu'elle y demeure
tant que leurs cœurs seront unis ! Dans
l'instant un doux parfum se répandit,
les coupes furent remplies, & les pains
partagés ; après quoi ce couple enchan-
té se retira dans la chambre de la couche
nuptiale accompagné du même cortège
qui l'avoit précédé. Sur le seuil de la
porte les époux resterent seuls, & la porte fut fermée. Les étrangers demanderent à l'Ange s'il pouvait être un mariage sans la consécration du Prêtre, &
l'Ange pour satisfaire à leurs demandes,
leur apprit que le désir & le consente-
ment étaient dans le Ciel la seule essence
de l'union conjugale, & qu'on n'avait
pas besoin pour en perpétuer la durée
de toutes ces formalités, de tous ces
usages, que les loix ont autorisés sur la

terre

terre pour fixer l'inconſtance dès hommes & pour enchaîner leurs caprices.

L'Ange interprétant encore l'admiration de ſes hôtes pour les vierges de l'aſſemblée, les pria de s'approcher d'eux, ce qu'elles firent en avançant quelques pas ; mais leur pudeur ayant à ſon tour préſumé les feux qu'elles pourraient inſpirer, elles diſparurent ; & les Sages confus de l'épreuve qu'ils venaient de faire de tant de beautés & de tant de charmes, avouerent de bonne foi qu'il ne faudrait qu'un ſeul de leurs regards pour déſoler le monde, & pour embraſer l'Univers.

Il était tard ; l'Ange les avertit qu'il était tems de ſe retirer, & pour ce jour-là ils ſe ſéparerent. Le lendemain, à peine fut-il jour qu'ils entendirent crier de toutes parts : c'eſt aujourd'hui le jour du Sabbath, & auſſitôt ils virent de nouveau leur guide qui leur apprit que ce

E

jour était confacré au culte du Seigneur, & qui les mena dans le temple, où après avoir glorifié & rendu graces, ils furent enfin, après le troifieme jour, reconduits fur la terre, emportant avec eux l'idée des biens céleftes, & une connaiffance commencée du bonheur du Paradis & des joies de l'éternité.

J'affure ici de nouveau, que tout ce que je viens de dire, eft vrai de toute vérité; que la premiere partie de ce que j'ai raconté, s'eft paffé dans le monde des efprits, qui eft dans un efpace mitoyen entre le Ciel & l'Enfer, & l'autre partie dans le Ciel des Anges. Qui pourra voir de fi grandes chofes fans un don de Dieu! qui pourra pareillement les croire fans fa grace! parce que telle eft la folie des hommes, peut-être même la faibleffe de leur nature, que la facilité de s'arrêter au menfonge, qui les séduit, les empêche de s'élever jufqu'à la vérité qui leur coûterait des facrifices.

§. I.

Des mariages qui fe font dans le Ciel.

Ceux qui croient que l'homme ne foit plus qu'ame après fa mort, croiront difficilement à ces unions charmantes, que je viens de décrire ; parce que felon eux, un foufle ne peut pas plus fe fixer qu'un efprit, s'enchaîner dans les nœuds de l'amour & du plaifir : il n'en eft pas moins vrai que l'homme eft toujours homme après fa mort ; qu'il conferve fon fexe, que fon amour lui furvit, & qu'il renouvelle fes nœuds dans le Ciel, quand il n'a pas cherché à les diffoudre & à les rompre fur la terre. D'après ce que je fais, ce que j'ai appris & ce que j'ai vû, j'affurerai donc que l'hom-

me en quittant le féjour qui le vit naître,
retrouve une nouvelle forme qui reffem-
ble à celle qu'il a perdue, avec cette
feule différence qu'elle eft en tout plus
agréable & plus parfaite ; d'où j'avance,
que s'il eft effectivement dominé par la
matiere fubtile, comme il eft compofé
d'une fubftance prefque toute fpirituelle,
il n'en a pas moins une forme humaine telle que celle des Anges qu'il plut au
Seigneur d'envoyer autrefois à Gédéon,
à Daniel, aux Patriarches & aux Pro-
phètes ; telle enfin que m'ont paru fouvent avoir ceux que le Ciel a daigné
m'envoyer pour m'inftruire. Quant à
ces affections tendres & délicieufes que
je dis ici, qu'il conferve & qui furvivent
après lui, c'eft ici qu'il faut que l'idée
de l'homme s'arrête ; parce que l'amour,
ce bien fuprême raproché de la pureté
de fon principe, n'eft plus cet amour al-

téré, flétri & corrompu dans un cœur de chair, où l'orage & le tumulte des passions l'ont dénaturé.

Pour prouver ce que j'avance, je vais raconter encore ce que j'ai vû dans le monde des esprits. Je méditais sur les délices de l'amour conjugal, lors qu'une de ces intelligences du troisieme Ciel vint à moi & me dit : Je devine ce qui vous occupe, & pour mieux encore éclairer vos idées, venez & je ferai des-cendre près de vous un couple de ces époux fortunés qui doivent parmi nous leur félicité aux nœuds de cet amour.

Au même instant je vis arriver un char brillant de lumiere, attelé de deux jeunes coursiers blancs comme la neige, qui fendaient l'espace des airs avec la ra-pidité des vents. Ceux qui les condui-saient portaient chacun d'une main une tourterelle & de l'autre les rênes flottan-

tes de ces superbes courſiers. Voulez-
vous, s'écria l'un d'eux, en me voyant,
que nous approchions plus près de vous;
mais ſongez que nous deſcendons d'un
Ciel, dont l'atmoſphere eſt toute de feu,
& que là ſeule communication d'une étincelle de celui qui nous reſte, ſuffit pour
vous embraſer & vous conſumer entierement? Je reſterai loin de vous, répon-
dis-je; mais par grace daignez approcher encore, pour que mes yeux puiſſent
vous contempler de plus près. Ils avancerent donc, & me dirent: Voyez en nous
deux époux de l'âge d'or, qui depuis
ce tems juſqu'aujourd'hui ont conſervé
la fleur de leur premiere jeuneſſe comme
la premiere flamme de leur amour. En
effet l'un me parut être dans cet âge heureux, où l'adoleſcence repréſente l'ac-
compliſſement des perfections de la nature; ſa compagne me parut également

par fa fplendeur & par fon éclat, un rayon détaché du célefte flambeau. Leurs regards exprimaient le bonheur, & peignaient l'innocence: l'amour pur l'entretenait. Apprenez donc, me dit un Ange qui les fuivait, apprenez donc qu'il n'eft qu'un bien dans tous les mondes; que ce bien fuprême eft dans l'union de deux cœurs fortement attachés l'un à l'autre, dont toutes les impreffions, tous les mouvemens, toutes les affections fe confondent, & qui tous deux embrafés du même feu, laiffent à l'ame à enchaîner à fon tour la volupté & les plaifirs dans les liens de la fageffe; mais apprenez, ô mon fils, que ce ne fera que dans la nouvelle Jérufalem que les fens perdront à ce point leur empire; & à ces mots, il laiffa échapper de fes mains en difparaiffant un rouleau de papier, où je relus de nouveau ce que je venais d'entendre.

Une autre fois, tranſporté dans le même Ciel, j'y vis arriver trois jeunes hommes, que la mort avait moiſſonnés ſur
la terre dans leur plus beau printems;
tout les étonnait & leur ſemblait merveilleux; mais ce qui redoublait encore leur
ſurpriſe, c'était de ſe retrouver ce qu'ils
avaient été. Ils ſe touchaient pour s'aſ-
ſurer de la vérité de leurs organes; parce qu'ils étaient encore imbus de l'erreur commune, que l'ame ne prend un
nouveau corps qu'après le jugement dernier, qu'on a toujours regardé comme
le terme de la réſurrection. Ils furent
rencontrés par des Anges, auxquels ils
apprirent comme ils avaient fini leur vie,
& ſur-tout l'étonnement, où ils étaient
de celle qu'ils allaient commencer. Que
nous étions dans l'erreur, diſaient-ils;
nous nous croyions condamnés à errer
pendant des ſiecles éternels dans l'eſpace

immenſe de ces ſpheres inconnues, qui forment les Cieux des Cieux du globe que nous habitions, & nous retrouvons ici cent fois plus que nous n'avons perdu ſur la terre; nos organes ſont les mêmes, plus frais, plus vigoureux & plus robuſtes, nous avons repris, depuis que nous y ſommes, les roſes de la jeuneſſe & l'embonpoint de la ſanté! Sans entrer dans tous les détails de tout ce qui nous enchante, ah! laiſſez à nos cœurs à vous rendre les plus vifs ſentimens qu'ils aient éprouvés, en vous deſſinant l'image des beautés qui les ont ſéduits. L'Ange devina qu'ils avaient déja vû les femmes de ce charmant ſéjour, & l'Ange devina juſte. O jeunes gens, leur dit-il, que l'amour que vous avez connu eſt bien autre que celui que vous devez connaître! Ce n'eſt en ces lieux qu'une affection tendre & délicate, qu'un feu pur &

subtil, que l'ame seule a droit de partager; & comme dans la jouïssance de vos plaisirs, l'ame fut presque toujours oubliée sur la terre, de même ici l'ame jouït seule, & les sens sont oubliés à leur tour. Quoi donc, s'écrierent avec douleur les nouveaux venus, quel est donc votre Ciel, si tant d'attraits y sont perdus! si l'amour réduit au triste hommage d'une admiration stupide, ne s'allume ici que pour entretenir l'oisiveté de vos langueurs, ou pour s'éteindre dans les glaces de votre insensibilité? Ah plûtôt, une seconde fois rendez-nous à la terre; nous y préférons nos délires, & nous laisserons sans envie l'ennuyeuse insipidité de vos éternels plaisirs, qui ne vaut pas un seul moment de l'yvresse de nos sens.

L'Ange aurait combattu longtems pour les convaincre, lorsque prenant le

parti de les faire approcher de quelques
vierges qui paraissaient fuir à leur aspect,
un nouveau prodige confondit leur luxure., en substituant à leur forme angélique les déhors de ces êtres sauvages,
symboles méprisables parmi nous de l'in-
tempérance & de la brutalité. La vuë
leur fut laissée pour juger de l'horreur
qu'ils inspiraient, & la voix leur fut encore conservée pour se plaindre. L'Ange compâtit à leurs gémissemens &
s'attendrit à leurs cris douloureux.; devenez comme nous, leur dit-il, & con-
naissez enfin les charmes & la douceur
de notre amour; laissez éclairer votre
ame, qu'elle brûle, qu'elle s'embrase
& qu'elle soit consumée à son tour de la
flamme qu'elle aura allumée; que l'objet que votre ardeur aura choisi, rassemble, occupe, absorbe tous vos sentimens, toutes vos affections, toutes vos

penſées ; que noyés , qu'abîmés , que
confondus tous deux dans les mêmes
épanchemens , les mêmes délices , la
diviſion de vos cœurs à la fin devien-
ne inſenſible pour vous - mêmes ; vos
ames alors heureuſement rapprochées &
fortement unies par l'amour , nageront
dans un torrent de félicité qui ne vous
laiſſera rien à déſirer; la couche nuptiale alors ſe préparera pour vous , & les
fruits de votre hymen ne vous coûte-
ront ni larmes ni inquiétudes , ni re-
pentirs ni regrets. Sans doute un retour ſur eux - mêmes diſpoſa le miracle
qui leur rendit leur forme ; & ſe pro-
ſternant au pied de l'Ange , ils l'aſſu-
rerent tous enſemble du triomphe de la
ſageſſe ſur leurs ſens & du changement
de leurs cœurs.

§. 2.

De l'état des Epoux après leur mort.

Quand le cœur s'est donné fur la terre, la mort ne brife pas fes liens, & dans le Ciel il demeure encore uni à fon objet, d'où il arrive que le premier des époux que la mort a ravi, foupire & fait des vœux pour être réuni. C'eft encore une vérité que j'apprendrai aux hommes qui veulent s'inftruire des grands myfteres ; parce que c'eft pour eux feuls que j'écris & que j'ai reçu d'enhaut l'ordre d'écrire ; afin qu'avec le tems, le cahos fe débrouille, que l'obfcurité de l'ignorance fe diffipe, & que le jour naiffe pour éclairer le monde.

Je fais donc, parce qu'il me le fut dit, que chaque fexe conferve après fa mort le même attrait pour l'autre fexe, & par conféquent le même défir de s'unir ; j'ajouterai qu'on n'y parvient que par les nœuds de l'amour conjugal ; que les époux qui fe font tendrement aimés fe retrouvent dans le Ciel , qu'ils y renouvellent le contract de leurs cœurs , & même pendant un certain tems , les terreftres plaifirs de leur premiere jouiffance , jufqu'à ce que plus épurés par l'habitude de ce nouveau Ciel , ils parviennent à la fuprême félicité des nœuds qui leur font confervés ; enfin je dirai qu'ils y vivent , & qu'ils s'aiment fans contrainte; qu'ils ont la liberté de changer & que les fruits de leur amour ne font & ne peuvent être que les fruits de la fageffe , ce qui fait la premiere différence du Ciel des Bienheureux & des abîmes où les méchans font confondus. L'amour tient à l'ame , par conféquent l'amour fuit l'ame , & quelque région qu'elle habite, elle éprouve toujours le besoin d'aimer, parce qu'il fait partie du premier principe de son essence. L'homme pendant sa vie comme après sa mort, se distingue toujours en homme extérieur, & en homme intérieur ; de-là la facilité de se reconnaître, & le plaisir de se retrouver, jusqu'à ce que la première distinction subordonnée à la seconde, il n'ait plus besoin que des seuls mouvemens, des seules impressions, des seuls sentimens de son ame, pour se concentrer & s'identifier avec l'objet, avec lequel il ne forme plus à la fin qu'une même volonté, qu'un seul désir ; c'est pourquoi l'homme, qui aura convolé sur la terre à de secondes nôces, partagera également ses caresses dans le Ciel avec les épouses qu'il aura chéries, jusqu'à ce que la partie intérieure de lui-même sanctifiant, purifiant & éclairant ses goûts, lui fasse abandonner l'une pour se fixer à l'autre, si elle doit suffire à son bonheur; parce que dans ce séjour angélique, le cœur ne peut pas plus être partagé, que dépouillé de ce besoin, de cette nécessité d'aimer, qu'éprouveront à la fin dans ce nouveau Ciel, ces célibataires, qui n'en ont jamais connus sur la terre le sentiment & le désir.

M'étant un jour adressé à l'Ange, qui m'apprenait ces merveilles : Ne pourrai-je donc pas, lui demandai-je, revoir le temple de la sagesse, où vous m'avez déja conduit ? Aucun homme, me répondit-il, ne peut vous en montrer le chemin; mais voulez-vous apprendre à le connaître, suivez toujours l'éclat de la lumiere; réglez vos pas sur la gradation de sa splendeur, & vous y parviendrez.. Je marchai, & après avoir fait seul beaucoup de chemin du côté du Midi, je rencontrai deux Anges, qui fai-

saient

faient la même route. Nous arrivâmes
enfin en un lieu environné de colonnades &. de portiques, entourés de l'au-
riers. Dans son centre était le temple
que nous cherchions. Le gardien de
ces beaux lieux me voyant dans la com-
pagnie de deux Anges, me laiſſa paſſer;
& traverſant une avenue où nous découvrimes pluſieurs petites ſolitudes délicieu-
ſes, juſques dans leur ſimplicité, & qui
ſervaient de retraite aux Sages, qui y
faiſaient leur habitation. L'envie nous
prit de nous y arrêter, pour approfondir de plus près leur ſageſſe, & pour
mieux nous convaincre de leur bonheur.
Nous heurtâmes à une des portes ; &
le premier accueil, qu'on nous fit, fut
de nous preſſer d'entrer, & de nous témoigner, en cent façons, le plaiſir que
nous faiſions à des hôtes empreſſés,
dont rien n'égalait la courtoiſie. Cette

F

habitation me parut divifée en deux appartemens. Je m'informai de la deftination du fecond ; croyez-vous, me répondit cet hôte gracieux, que nous puiffions vivre feuls, & ne favez-vous pas qu'il n'eft point d'exiftence fans avoir un objet qui la partage ? Sur ces entrefaites, plufieurs Sages fe fuccéderent & nous entretinrent des délices de l'amour, & de la premiere caufe de la beauté. L'un dit que le Ciel avait doué des femmes de tant d'attraits pour exciter & entretenir en nous ce principe d'amour, auquel il avait attaché le fouverain bien. Un fecond ajouta que leurs charmes étaient l'image de la fageffe, comme l'amour devait être dans nos cœurs un feu toujours actif & toujours prêt à s'embrafer pour elle. Le troifieme affura que l'amour conjugal était le comble de la félicité ; & que fi la beauté était pour les fens l'amorce du plaifir, l'ame, qui parvenait à s'unir avec elle, refplendiffait à fon tour des mêmes attraits & des mêmes charmes. Un autre foutint que le motif de cette réunion exiftait dans l'intention primitive du Créateur, que tous les êtres en général avaient leur fexe; que tous étaient aimantés pour fe rejoindre & pour fe réunir; & que tel qui cherchait à tromper la nature, en s'éloignant des femmes, en dédaignant leurs charmes & leurs attraits, était un monftre, qui ne portait dans la fociété que la confufion & le défordre. D'autres en un mot toujours d'accord; toujours unanimes fur cet objet, ajouterent que c'était dans les graces du beau fexe que l'homme perdait fa férocité; que cruel, dur, & fauvage par lui-même, fon organifation aride, groffiere & brûlante, abreuvée

de ce fluide fenfible & temperé, devenait à fon tour plus parfaite en s'uniffant à la beauté ; & que fe communiquant, s'enchaînant toujours l'un à l'autre & s'identifiant par dégré , l'homme
devenait enfin dans les nœuds de l'amour
conjugal, l'accompliffement de toutes les
perfections & le chef - d'œuvre de tous
les êtres.   Alors l'époufe chérie du Sage qui nous avait accordé l'entrée de
fa maifon, s'avança vers nous, ils parlerent tous enfemble, & je ne diftinguai
qu'une feule voix, tant leurs organes
étaient déja confondus.   On me conduifit enfuite au temple de la fageffe,
que j'eus le tems de parcourir: & un
Ange vint s'offrir à moi pour me re-
conduire jufqu'ici-bas.

§. 3.

Du véritable amour conjugal.

Cet amour dans fa perfection, eft fi rarement connu des hommes, qu'il en eft peu fur la terre, qui puiffent le définir; parce qu'il en eft peu qui cherchent fon principe dans l'amour du bien & de la vérité. Cette correfpondance, cette harmonie, cet enchaînement des cœurs a fon premier anneau dans le Ciel, comme le premier fondement de fa fpiritualité. C'eft de cet anneau que dérive le torrent de délices, qui porte dans notre ame tous les biens & tous les plaifirs. — Mais il n'eft que ceux qui demeurent foumis au précepte, qui les éprouvent, & la dépravation des hommes, comme la corruption des fiécles, en ont prefque détruit toute idée. C'eft de là que la jouïffance eft devenue pour nous le tombeau du plaisir; c'est de là qu'au désir succède l'indifférence, qui entraîne après elle l'insensibilité, qui nous conduit au dégoût; c'est de là que l'amant dans la couche de l'hymen, ne trouve plus les charmes qui l'ont séduit, & qu'il oublie les plaisirs de la veille, en s'effrayant d'avance de la répugnance du lendemain. L'homme en naissant n'est qu'une matiere douée de certaines dispositions affectées à ses organes, qui s'étendent & se développent avec le tems, & qui laissant à l'entendement la liberté d'exercer ses facultés, font insensiblement un être pensant, d'un homme purement extérieur, & sans idée.

L'amour a comme tout le reste ses gradations, ses progressions & son accomplissement, qui est le terme de la cupidité & le commencement de sa valeur & de sa force dans un cœur qui a

sû entretenir & conferver la pureté de
fon feu. Il a comme tout ce qui exifte
dans la nature, le bien pour principe,
& la vérité pour objet ; cette tendance
générale & commune dans tous les êtres,
eft le grand miftere de la Divinité,
qui, en divifant toutes les fubftances
créées, dans tous les mondes, a attaché
leur fouverain bien à la néceffité de fe
rechercher & de s'unir. Telle fut donc
l'harmonie établie par le Créateur de
l'Univers, qui, en nous donnant à tous
ce commun penchant, voulut que l'a-
mour commençât par le cœur, qu'il fe
purifiât par l'efprit, & qu'ainfi purifié,
il portât dans notre ame ce feu célefte,
qui fait le premier principe de fon effence. Mais comme il plut à Dieu de
me manifefter la différence des idées
des hommes fur ce fentiment d'amour,
dans les différens âges du monde, ma

bouche s'ouvre encore à sa volonté, &
je retrace de nouveau ce que j'ai vû.

Un jour que j'élevais fortement mon
cœur vers la Divinité, que je la sup-
pliais de m'éclairer, & de me faire connaître les perfections de cet amour, un
Ange fut envoyé du Ciel & me dit :
Parce que vous avez sû demander, vous
serez exaucé ; vous suivrez, vous con-
naîtrez le bien & le mal de vos sembla-
bles, en parcourant avec moi tous les siè-
cles depuis l'âge d'or jusqu'au siécle de
fer ; & vous verrez enfin jusqu'à quel
point ce premier principe de sagesse &
de bonheur s'est dénaturé dans leurs
cœurs.

J'errai longtems avec lui dans des
routes tortueuses & difficiles, je traver-
sai des déserts immenses, coupés à chaque pas par des sentiers, qui menaient
à des précipices, que l'Ange m'assura

devenir toujours funeftes aux infenfés,
qui croyaient pouvoir marcher fans gui-
des dans ces Dédales multipliés par la
Providence, pour défendre le féjour heureux de l'innocence , de la contagion
répandue fur les autres furfaces du monde. Ce féjour en effet n'eft habité que
par les premiers enfans du premier homme, qui ont vécu dans la fimplicité,
& qui ont confervé dans leur ame les
premieres impreffions de la nature. ---
Nous parvinmes enfin à un bois de cè-
dres, qui portaient leurs têtes jufqu'aux
nues , & qui ombragaient un camp
formé de tentes de feuillages , auprès
desquelles on voyait des troupeaux qui
fe repofaient, des geniffes qui paiffaient
tranquillement & de jeunes agneaux qui
bondiffaient fous les yeux de leur mere.
Tous ceux qui me femblaient veiller à la
garde de ces troupeaux, me paraiffaient

des enfans, qui folâtraient entre eux,
& qui n'avaient rien de grave & de fé-
rieux dans leur extérieur & dans leurs
jeux. Comment donc, dis-je à l'Ange
d'un air étonné, je ne croyais rencontrer ici que des vieillards & je n'apper-
çois que des enfans? L'apparence vous
trompe de loin, me dit-il ; & en effet
à quelque diftance, c'eft ainfi qu'ils pa-
raiffent; mais approchez-vous, & vous
verrez fous les déhors de l'ingénuité,
la pureté des mœurs & tous les principes d'une confcience droite & fimple
dans toutes leurs actions.

Nous vimes en effet que près de nous,
leurs traits paraiffaient plus décidés, que
l'âge avait imprimé fur leurs fronts ce
caractere d'expérience & de dignité qui
en impofe, fans y avoir placé les rides
de la vieilleffe. Ils nous aborderent, &
nous ayant interrogé, ils nous deman-

derent, comment & par quel prodige nous avions pû pénétrer jufqu'à eux ; car à notre extérieur ils devinerent fans peine, que nous étions étrangers. Après leur avoir répondu, un d'entr'eux nous conduifit dans la tente qu'il habitait : je lui demandai à connaître le bien inexprimable de cette union conjugale ; il confentit à nous en entretenir. Son premier foin fut de nous préfenter cet objet chéri de toutes ces affections; fon air feul peignait & le bonheur qu'il éprouvait, & celui qu'il faifait éprouver. Mes yeux ne fupportaient pas l'éclat de leurs regards; c'étaient des flambeaux, dont la flamme devorait la diftance : ils s'entendaient fans fe parler, & ils fe parlaient fans qu'on put diftinguer leurs accens, tant ils paraiffaient ne faire qu'un. Je ne pus m'empêcher d'en témoigner mon étonnement, lorfque ce Sage me

dit encore : L'homme est né avec le principe d'amour, pour que cet amour se per-
de dans la sagesse ; la femme au contraire est née avec le principe de la sagesse, qui dans notre état de perfection
se perd & se confond dans notre amour ;
c'est donc dans la transsubstantiation de
ces deux principes, que nous devenons
réellement ce que nous devons être, &
que nous remplissons les vues du Créateur. A ces mots une nouvelle lumiere
se répandit, je vis & je lus en lettres de
feu : *C'est la volonté de l'Éternel.* Au
même instant un autre de ces habitans
fortunés, sans doute envoyé à dessein,
me remit une coupe travaillée en fili-
gramme, remplie de semence d'or que
j'emportai comme un témoignage du séjour que j'avais fait dans cet heureux Ciel
du premier âge ; & je me retrouvai sur
la terre.

Le lendemain mon Ange vint à moi, & me dit encore: Voulez-vous, ô mon fils, vous inftruire ? fuivez-moi, & je vous conduirai au Ciel du fecond âge. Je le fuivis ; il prit fa route entre l'Orient & le Midi. Après avoir traverfé plufieurs montagnes, defcendu plufieurs vallées & franchi plufieurs déferts, nous nous trouvâmes au revers d'une colline pref- que couverte de rochers taillés diverfe- ment, & qui repréfentaient des figures humaines & différentes efpeces d'ani- maux. Tout cela, me dit mon guide, doit vous prouver que dans ce fiecle le jour de la vérité én commençant à s'ob- fcurcir, s'enveloppa fous des fymboles & des allégories, qui le rendirent déja plus difficile à reconnaître ; & comme l'efprit de l'homme n'eft pas toujours ce- lui d'un jufte difcernement, de-là vint le commencement de la corruption fut la terre, de-là le défordre qui s'eft toujours augmenté & perpétué dans la fucceffion des tems. Nous arrivâmes enfin aux portes d'une cité magnifique, dont les places publiques étaient remplies des plus beaux monumens. Tous les édifices étaient autant de palais décorés de colonnades & de portiques, nous en admirions l'élégance & la fomptuofité, lorfqu'on vint nous inviter civilement à nous repofer. L'Ange interpréta nos défirs à celui qui nous faifait ces offres; & après lui avoir témoigné l'envie de nous inftruire de l'idée & de l'opinion de leur Ciel fur l'amour conjugal, voici ce qu'il nous en apprit. La plûpart de ceux qui font ici, nâquirent dans les contrées de l'Afie, & firent leur principale étude de la connaiffance de la vérité. Nous trouvâmes dans toutes les chofes de votre bas-monde une telle harmonie, une telle concor-

dance des chofes inférieures avec les chofes fupérieures, que regardant l'union
de l'entendement avec la vérité, comme
la chofe la plus parfaite, nous avons jugé que l'union conjugale étant également dans le même dégré de perfeꞔion,
elle devait par conféquent correfpondre
à l'union de l'entendement & de la vérité
pour s'identifier & ne former enfemble
qu'une feule & même perfeꞔion. C'eſt
en ce fens que nous difons que l'homme
eſt né pour le bien, comme la femme
eſt née pour la vérité. Alors un appartement intérieur s'ouvrit de lui-même,
& je vis un lit entouré de mille hiéroglyphes, au haut duquel paraiſſait être
un dôme brillant & varié de toutes les
couleurs de l'iris, qui fe confondant &
fe perdant infenfiblement, confondaient
à leur tour leurs nuances dans trois couleurs ptincipales, qui étaient le pourpre,

le violet & le blanc. La premiere était le symbole de l'amour, la blancheur celui de la sagesse, & le violet le symbole de l'union des deux autres. Après cette explication je reçus une grappe de raisin, dont les feuillages & les pampres qui l'entouraient, devinrent d'argent entre mes mains, & tel fut le signe que je reçus en témoignage du séjour que j'avais fait dans le Ciel du second âge.

Le jour suivant mon guide revint & me dit : O mon Fils, préparez-vous encore à me suivre dans les régions de l'Occident, parce que c'est-là qu'est la demeure des enfans du siècle d'airain. Je le suivis à travers des bois de palmiers & de lauriers d'une étendue prodigieuse, qui nous menerent sur une haute montagne, où je vis des Géans d'une taille si démesurée, que je doutai long-tems que ce fussent des hommes, tels que ceux qui

qui naiſſent ſur la terre. Nous ayant apperçus, ils vinrent à nous, & nous demanderent quelle était la puiſſance qui
nous avait conduit juſqu'à eux ? Le Dieu
de toutes les mondes, reprit l'Ange ; &
à ces mots, ils nous laiſſerent paſſer. Nous
montâmes encore plus qu'auparavant, &
nous découvrimes une ville ſpatieuſe, dont
toutes les maiſons étaient conſtruites de
bois odoriferant, & dont les toits étaient
d'airain, ſymboles, me dit l'Ange, des
avantages que l'homme de ce tems - là
trouvait encore dans les biens de la nature. Il y a encore ici une autre enceinte
conſtruite de bois plus précieux, au milieu de laquelle eſt un ſanctuaire, qui
renferme la parole de Dieu donnée aux
premiers habitans de l'Aſie long - tems
avant la révélation, qui fut faite aux enfans d'Iſraël. Ce livre ſacré ſe nomme
les grands triomphes de Jéhovah & les

G

oracles de fon Prophête, dont fans doute l'Eternel a donné connaiffance à Moyfe, comme il paraît au livre des Nombres XXI. ℣. 14. 15. & ℣. 27. 28. 29. & 30. Il me fit avancer, & je fus ébloui d'une lumiere fi vive, que je ne pus en fupporter l'éclat. Auffitôt je me vis environné de plufieurs habitans de ce féjour, aux queftions defquels l'Ange répondit pour moi, en les priant de m'éclairer fur les charmes de leur union. Après m'avoir peint l'amour comme ils le fentaient, ils m'affurerent que le premier précepte de la Divinité, que la premiere règle de fon culte de laquelle dépendaient toutes les autres, était de diriger fon cœur vers l'objet que la Providence avait aimanté pour lui; de le chercher jufqu'à ce que l'on foit parvenu à le trouver, de s'y unir, de s'y attacher, de s'y fixer; & qu'enfin c'était dans la perfection de cette union

que l'Eternel avait placé la félicité suprême. En même tems celui qui m'inſtrui-
ſait, me conduiſit dans un jardin où il
cueillit quelques branches d'arbres, dont
le ſuc aromatique ſe changea dans mes
mains en airain le plus pur, qui dans
ſes extrémités ſe transformait en or, &
tel fut le témoignage que je rapportai du
Ciel du troiſieme âge.

Deux jours n'étaient pas écoulés, que
l'Ange revint encore & me dit : Achevons
notre courſe; & ſoudain dirigeant mes
pas du côté du Septentrion, bientôt nous
nous trouvâmes au milieu d'une vaſte forêt que des chênes antiques rendaient
preſque impénétrable à la clarté du jour.
A droite, à gauche, je ne découvrais que
des ours & des léopards qui redoublaient
mon ſaiſiſſement. M'adreſſant à l'Ange
pour me raſſurer dans ma frayeur, il
m'apprit que telles étaient encore les ap-

parences des gardiens de ce féjour, qui ne différaient de notre efpèce, que par la préférence qu'ils donnaient à leurs fens fur la fpiritualité de leur ame. „ Que „ ceux qui lifent aujourd'hui ce que j'é- „ cris fans en tirer avantage, fe compa- „ rent aux ours, & que ceux qui dou- „ tent de la vérité, fe comparent aux „ léopards, que j'affure avoir trouvés dans „ cette enceinte ; & dont je n'évitai la „ férocité, que par l'affiftance de celui „ qui me conduifait. " Au-delà de la forêt, nous trouvâmes encore des champs, bordés de haies & de buiffons, qui n'attendaient plus que la faux du moiffonneur ; nous errâmes de détours en détours, pendant lefquels nous eumes affez longtems le même fpectacle. Après avoir découvert plufieurs villes, nous entrâmes dans une de celles qui nous avait paru la plus confidérable. Ce n'était plus ce même ordre, ce même arrangement, ce même goût! des places irrégulieres, des édifices fans architecture, des monumens fans objet, des palais couverts de chaume & des chaumieres ornées comme des palais; telle était l'extravagance de leur génie, la bifarrerie de leur efprit, & la groffiereté de leur goût! Une pente tortueufe & difficile nous conduifit à une efpèce de Temple, rempli d'idoles grotefques, aux pieds defquelles nous vimes enfin leurs adorateurs, dont les cérémonies & les rites auffi ridicules que leurs vêtemens, exprimaient de toute maniere la fuperftition, l'égarement & le délire.

Vous voyez, me dit mon guide, jufqu'à quel point l'homme s'eft dégradé avec le tems, en s'éloignant de la vérité. Le premier âge en confervant fa pureté, la tranfmit au fecond âge, dans lequel

l'homme ayant déja perdu de sa spiritualité, imagina de se la rendre sensible par
des représentations & des images qui
pouvaient en fixant ses idées le rappeller
à la vertu. Le même esprit se corrom-
pant par dégrés, l'homme du troisieme
âge ne distingua plus que la moitié de la
vérité, dans ces symboles qui sont à la
fin devenus le seul objet du culte grossier
des enfans du quatrieme âge, qui tout
entiers voués à la stupidité de leurs sens
& dépouillés du vrai principe, vivent aujourd'hui brutalement dans les ténèbres
de l'ignorance, en caressant les erreurs
du mensonge & les illusions de leur
chimere.

En disant ces mots, l'Ange me conduisit dans la maison d'un des principaux
habitans, qui m'avoua que si le bonheur
consistait à s'unir avec l'objet aimé, c'é-
tait multiplier le bonheur que de multi-

plier les objets de fon amour; la gloire
de l'homme eft d'étendre fa domination
& fon empire fur les cœurs qui lui font
affujettis; la femme ne fut née que pour
nous; elle n'exifte que pour nos plaifirs;
c'eft donc, ajouta-t-il, devenir double-
ment heureux que de favoir en étendre la
jouïffance! Mon indignation s'enflam-
mait, lorfque la foudre qui fe fit entendre, imprima fur fon front la crainte
qu'il reffentait dans fon ame: L'orgueil
fit alors un nouvel effort pour déguifer
fa honte, & m'adreffant la parole. Ne
prenez pas, me dit-il, pour une vaine
frayeur ce qui n'eft en moi que l'effet de
l'efpérance & du refpeɑ. Un Sage de
l'Orient nous eft annoncé, & les éclats
de la foudre précéderont fa venue. Ce
fera lui qui nous inftruira, qui éclairci-
ra nos efprits, qui ouvrira nos yeux à
la vérité; & toutes les fois que le Ciel

gronde & tonne fur nos têtes, nous éle-
vons nos bras pour le prier de hâter fes
bienfaits. Fuyons, me dit l'Ange, en
m'arrachant de ces lieux, & fouvenez-
vous, que quand la dépravation aura
achevé de corrompre leur cœur, le principe de la vérité renaîtra même de fa
corruption; mais ne vous effrayez pas
de ce que vous venez de voir. Daniel a
dit de la race des hommes, qu'il vien-
drait un tems où le fer fe mêlerait en-
vain à l'argille; comme ils fe proftitue-
raient dans leur femence; je vais donc
vous montrer la fuire de ces fiecles dé-
pravés; & en béniffant l'Etre fuprême,
vous y reconnaîtrez l'efprit de fes Pro-
phêtes. Je le fuivis donc de nouveau
dans de nouvelles régions, fituées entre
le Midi & l'Occident; mais de beaucoup
inférieures à celles que j'avais déja par-
courues. Là s'offrirent à ma vuë des lacs

dégoûtans d'eau croupie, des étangs sans nombre fétides & fangeux, sur la surface desquels j'apperçus des monstres amphibies, dont les regards hideux renouvellerent une seconde fois ma terreur. Rassurez-vous, ô mon fils, je suis encore avec vous, me dit l'Ange, tout ce que vous voyez maintenant est la représentation des passions des hommes. Elles furent enveloppées autrefois dans leur cœur, aujourd'hui les hommes qui habitent ce séjour sont enveloppés dans elles. Plus loin vous verrez jusqu'où l'erreur, l'égarement & la folie ont dénaturé votre image. J'avançai encore, & je vis de ces nouveaux insensés qui portaient la tête au-dessous de la poitrine & les reins au-dessous de leurs pieds; on les eût pris pour ces farceurs misérables, dont l'opulente oisiveté paye quelquefois mesquinement leur souplesse en les accablant

de ſes mépris ; parce que l'orgueil en
détournant la comparaiſon de leur être,
éloigne toute idée de reſſemblance.
Nous arrivâmes à une de leurs villes,
qui n'avait pas moins de défectuoſités.
Les places étaient étroites ; les rues
mal-allignées ; des carrefours obſcurs &
ſerrés renfermaient les édifices les plus
vaſtes, les maiſons étaient alternativement hautes & baſſes, les portes généralement écraſées & placées dans les angles contre tous principes de goût,
autant que contre la ſûreté des édifices.

La curioſité nous fit entrer dans
une de ces demeures ſinguliéres, où
j'interrogeai librement celui auquel elle
appartenait. Pour être heureux, lui dis-
je, ſans doute vous ne vivez pas ſeul
ici, vous avez ſûrement la compagne
de vos loiſirs, & vous avez trouvé dans
une épouſe, qui vous aime, l'objet chéri

de votre cœur ! Vous croyez, me dit-
il, que le bonheur dépende de l'amour
d'une femme ? & vous penſez que la folie d'aimer conſacre nos jours à un ſeul
objet, qu'eſclave d'une chaîne tout au
plus reſpectable par l'uſage, & formée
par des convenances, conſtamment attachés à en reſerrer les nœuds, nous
ayons perdu le droit de rallumer le feu
de nos déſirs à d'autres flambeaux que
ceux que l'hymen a fait brûler pour
nous ? déſabuſez-vous, il ne peut y avoir
dans chacune de nos demeures, ſelon
notre loi, qu'une couche nuptiale, mais
nous trouvons par-tout à notre gré la
couche de la volupté & du plaiſir. C'eſt
ainſi que nous ſavons accorder la plura-
lité des femmes avec le précepte, qui
ne nous permet pas d'en avoir plus d'u-
ne avec le tître d'épouſe ; c'eſt ainſi que
l'eſprit nous fournit des reſſources con-

tre la lettre qui tuerait les agrémens &
détruirait notre bonheur. J'allais répondre, & m'efforcer de vanger peut-
être la vérité, lorsqu'un nouveau venu
vint nous forcer de comparaître dans
une affemblée, qui fe croyait en droit
de difcuter les motifs de notre arrivée.
Comme ils femblaient fe difpofer à la
violence, nous nous rendîmes, & nous
convînmes que nous étions venus dans
la feule intention de juger par nos yeux
des douceurs de l'amour conjugal, que
nous avions toujours regardé comme le
premier de tous les biens. Un nouveau
murmure nous impofa filence, & quelques-uns d'entr'eux nous tirant à l'écart,
nous avertirent du rifque que nous euffions couru, fi nous euffions continué de
prêcher notre doctrine à des gens qui
n'y croiaient pas.

Quelle eſt donc, nous dirent-ils, votre vanité, ou plûtôt votre folie, d'attacher tant de prix, tant d'importance à des nœuds qui ne ſont qu'un eſclavage ; dont la monotonie toujours rebutante nous conduit bientôt à la langueur & à l'inſipidité ? Ames impures, m'écriais-je avec horreur ! demeurez dans votre luxure & que vos cœurs y pourriſſent ! La fureur les ſaiſit, & je craignais d'en devenir la victime, lorſque je vis ſortir de terre des monſtres ſous toutes les formes, qui furent envoyés pour les diſperſer, & qui ſe perdirent ſur leurs traces à travers des étangs de ſouffre & de bitume dans les abîmes de l'Occident.

§. 4.

De la véritable source de l'Amour conjugal.

Les rapports de perfection qui se trouvent entre l'amour conjugal, & le bien & la vérité, prouvent son origine & son principe. --- Dans l'ordre de la création jusqu'à cette correspondance de l'un avec l'autre établit leurs rapports, & comme il ne peut exister une vérité sans un bien, ni un bien sans une vérité, on doit en conclurre que c'est l'union de tous les êtres qui constitue leurs perfections, & par conséquent leur bonheur. Adorons le mistere du grand Auteur de la nature, qui, en formant les sexes, & diversifiant par-là les êtres, a voulu les ramener à l'unité, en fixant dans ce centre commun tous les trésors de ses bienfaits. L'amour du sexe est donc dans le cœur de l'homme, comme un germe précieux dans la matiere qui le renferme, jusqu'à ce que fécondé par l'amour conjugal, il prépare cette union, qui doit faire un jour notre félicité. L'essence de la Divinité n'est que sagesse & qu'amour. Ces deux grands principes se trouvent dans tous les ouvrages de ses mains, depuis les Anges jusqu'aux vermisseaux. C'est par une constante émanation, une combinaison & l'union de ces principes, que nous naissons avec le désir de nous unir; que nous vivons pour nous unir, & que, par une suite du privilege de notre condition humaine, qui ne souffre pas d'anéantissement, nous désirons même au-delà du tombeau, de nous rejoindre encore à l'objet qui nous fut uni.

Pour rendre ces vérités plus sensibles, je rapporterai ce que j'ai vû. ⸺

Un matin que l'aurore diffipait à peine les ombres d'une nuit tranquille, je vis defcendre des nues quatre Anges, envoyés pour s'entretenir avec les Sages du monde, de la fource de l'amour conjugal, de fes charmes & de fa puiffance. Je n'étais pas encore remis de ma furprife, que je vis toutes les nations de l'Europe affemblées autour d'un autel, fur lequel était une palme, & une efpece de couronne triomphale, enrichie des pierres les plus précieufes, qui devait être le prix & la récompenfe de celui qui approcherait le plus de la vérité. Les uns croiaient la rencontrer dans la néceffité de conferver le bon ordre, ou de veiller à l'éducation des enfans; d'autres l'attribuaient à l'entendement de celui qui, prévoyant le premier fa décrépitude, s'était ménagé dans les foins d'une compagne chérie, un foula-
ge-

lagement dans fa vieilleffe ; d'autres en‑
fin foutenaient que les fuites funeftes de
la débauche avaient appris aux hommes
à s'en garantir , en s'affociant par des
liens indiffolubles , un objet capable de
fixer l'inconftance de leur cœur ; d'au‑
tres encore répétaient à peu près la mé‑
me chofe, & perfonne n'approchait de la
vérité ; lorfqu'un Africain, qu'on n'avait
pas vû , s'avança & leur dit : O vous
Chrétiens, vous, qui vous enorgueilliffez
de vos lumieres , vous qui nous repro‑
chez chaque jour l'infamie de nos mœurs,
& qui dédaignez de nous regarder com‑
me vos femblables, parce que nous met‑
tons notre gloire à ne pas vous reffem‑
bler, comment, ne fe trouve-t-il per‑
fonne parmi vous , qui puiffe réfoudre
le problême propofé ? c'eft donc dans
la fimplicité de mon efprit & dans l'i‑
gnorance de mon cœur que je vais cher

cher ma réponſe, & ſi l'on me permet
de parler & que j'aye dit vrai, en voyant
que vos connaiſſances ne ſont que des
chimeres, vos lumieres des apparences,
votre ſageſſe une folie; apprenez donc à
renoncer à la vanité de vos idées.

L'amour conjugal, ajouta-t-il, eſt
la perfection du déſir inné dans le cœur
de tous les êtres qui reſpirent, & ſa
premiere ſource eſt dans l'intention du
Créateur, qui mit dans notre ame ce
germe ſurnaturel, qui ſe développe en
nous avec le tems : N'en cherchez donc
pas la ſource dans vos raiſonnemens, &
dans vos ſens, mais dans la portion la
plus ſubtile de l'eſprit, qui vous anime,
& qui eſt en vous comme dans les Anges mêmes, l'émanation pure de l'auteur de votre ſubſtance & le ſoufle de
la Divinité. Une voix du Ciel alors ſe
fit entendre, & la palme fut adjugée à

l'Africain, qui, fans autre connaiffance, fans autre lumiere que les réflexions
de fon propre entendement, avait répandu le plus de vérité fur la grandeur
de ce miftere.

C'était ainfi que dans le monde des
intelligences, l'efprit s'exerçait à la fageffe, lorfque la Providence, qui, fans
doute, me réfervait à l'inftruction de
mes freres, permit encore de nouvelles controverfes & d'autres débats. Une
autre fois je vis développer le miftere de
la reffemblance de l'homme avec Dieu,
en apprenant de la même maniere, que,
s'il eft écrit qu'il nous forma à fon image, c'eft parce que nous renfermons
dans nous-mêmes une partie des deux
principes de fon effence; c'eft-à-dire,
l'aptitude de notre entendement à la fageffe & notre difpofition à l'amour.
Ceci doit confondre, d'un feul mot,

toutes les fpéculations & tous les raifonnemens de ceux , qui , dans l'examen
de nos avantages fur les êtres vivans,
n'ont pas encore fû comprendre que le
Ciel avait plus fait pour nous, en nous
donnant les lumieres de l'entendement
pour régler & graduer par nous-mêmes
le développement de nos idées , qu'il
n'a fait pour les animaux, qui femblent
naître avec des idées prefque déja for-
mées ; puifqu'il eft inconteftable que
tout en eux jufqu'aux befoins, jufqu'au
plaifir fe règle , fans qu'ils s'en occupent, fur la gradation & l'accroiffement
de la nature. J'entendis difputer encore de l'arbre de vie que nous portons
tous également dans notre cœur, & qui
fructifie, foit en bien, foit en mal, felon que la vanité contrarie ou difpute à
la fageffe , ou que la fageffe l'emporte
fur notre orgueil , & qu'elle entretient

en nous le feu de notre amour, pour s'augmenter elle-même, se perpétuer & se reproduire dans ce principe. C'est une grande vérité, que l'innocence régnerait encore sur la terre si la corruption ne se fût pas étendue jusqu'à lui, si l'homme n'eût pas confondu par orgueil ces affections primordiales que Dieu soufla dans son cœur, avec ces désirs libertins, ces panchans coupables & criminels, ces inclinations impures & adulteres, qui lui font chaque jour oublier les voies de l'amour chaste, pour suivre, dans leur égarement, celles de l'amour qui ne l'est pas.

Ces entretiens étant finis, je pensais à retourner sur la terre, lorsqu'un Ange, en m'abordant, me proposa de le suivre encore dans un autre lieu, où l'on donnait les premieres leçons de la sagesse à ceux qui, après avoir quitté la vie, avaient été trouvés dignes d'y participer. Après avoir marché quelque tems, nous découvrimes plusieurs collines féparées entr'elles par des plaines fertiles, dont la variété multipliée à l'infini, formait le coup d'œil le plus agréable, & le tableau le plus charmant. Sur chacune de ces collines étaient des villes, qui dans la fimplicité de leur conftruction ajoutaient encore, par leur diverfité, des nouveaux charmes à cette image. Mon empreffement m'ayant conduit vers la premiere, qui fe préfentait devant nous, mon Ange m'apprit qu'elle était la demeure des anciens Sages de la Grèce, qui, ayant confervé le même goût de s'inftruire, perfectionnaient alors leurs connaiffances dans leurs méditations. Il m'en nomma plufieurs, tels que Pythagore, Socrate, Ariftippe & Xénophon. Pour ne pas in-

terrompre leurs loifirs, & ne pas les dis-
traire de leur application , chaque enceinte ne renfermait que les difciples du
maître. J'en fus encore plus convaincu,
lorfqu'ayant demandé à voir Ariftote
& Platon, l'Ange me répondit qu'ils
étaient fous un autre Ciel; parce que tel
qui s'était appliqué à l'étude de l'homme moral , ne pouvait fe rencontrer
avec celui qui n'avait pas fuivi la même
marche dans fes veilles, fes opinions &
fes idées.

Un concours prodigieux nous ayant
fait détourner nos regards fur un lieu
où l'on paraiffait s'affembler en foule,
nous nous y tranfportâmes, & nous y
reconnumes le Licée , qui fut jadis la
premiere école de la raifon, & le premier berceau de la Philofophie. Deux
nouveaux venus débarraffés des dépouil-
les du bas monde, y arrivaient. Cha-

cun s'empreffait à fatisfaire fa curiofité,
en les interrogeant fur ce qui fe paffait
de nouveau fur la terre. Ce que vous
n'y avez peut-être jamais vû, répondirent-ils. On a trouvé dans des forêts,
des hommes, qui reffemblaient aux animaux, & des animaux qui reffemblaient
aux hommes. Et quelles raifons, dirent
les Sages, vos Philofophes ont-ils donc
donné de la fingularité de ce prodige ?
Les uns, reprirent les nouveaux venus,
ont prétendu que l'ignorance apparte-
nant à la premiere nature de l'homme,
il n'y avait rien d'étonnant de trouver
un homme fans inftruction au - deffous
des animaux, & de beaucoup inférieur
au moindre d'entre eux ; d'autant plus
que les animaux donnent des preuves de
leur intelligence, avant que l'homme
annonce même la faculté de la fienne.
D'autres foutinrent que fi l'homme fe

diftinguait quelquefois dans les actes,
il n'en reffemblait pas moins aux animaux , quant à la puiffance d'agir ; que
participant également à une intelligence commune , répandue dans l'univers,
c'étaient les circonftances , les fituations
qui variaient feules les différens dégrés
de perfection; qu'aux organes près, que
la nature a refufés aux brutes pour s'ex-
primer, le faon qui ferait né dans un
palais, ne reffemblerait en rien au faon
qui ferait né dans les brouffailles ; &
qu'il en était de même de l'homme, qui
dépendant également des objets, qui
l'environnent, perdait ou confervait la
brutalité conftitutive de fon être qui lui
était commune avec tous les animaux
ainfi que fa mort & fa deftruction, malgré la fauffe idée que l'orgueil pouvait
lui donner d'une nouvelle exiftence dans
la fpiritualité de fon ame ; qu'enfin la

Religion comme les loix, n'étaient que
des fecrets politiques, dont le plus fort
s'était fervi pour enchaîner le plus fai-
ble ; & que peut-être, s'il nous était
permis de defcendre dans ces petites ré-
publiques des infectes que nous mépri-
fons, nous y trouverions plus d'ordre,
plus de fageffe que parmi nous.

Oh que la folie des hommes s'eft
augmentée depuis nous, s'écrierent les
Sages ; & à les juger effectivement par
leur ftupidité & leur démence, que la
différence entre eux & les animaux eft
aujourd'hui devenue infenfible ! c'eft
par ce qu'ils ont corrompu les fruits de
l'amour pur, que l'efprit a perdu fa fageffe ; & que, dans leur fein, la raifon
a fait place au délire. Le poifon s'eft
accru d'âge en âge : maintenant la nuit
du menfonge eft devenue le premier
aftre de leur cœur; leurs yeux capables

à peine de foutenir les faibles rayons de l'Occident, ne peuvent plus fupporter les feux brûlans du Midi; &, dans la profondeur de l'abîme ; où ils font tombés, dans l'épaiffeur des ténèbres qui les environnent, eft-il étonnant, fi le jour de la vérité ne peut plus parvenir jufqu'à eux ? Que ne nous eft-il poffible, reprirent les nouveaux venus, de retourner fur la terre, pour y éclairer nos freres ! nous redrefferions leurs pas ; nous les ferions rentrer dans les voyes de l'amour ; & fans doute ils y retrouveraient leur innocence.

Je reprenais le chemin de notre globe, lorfqu'arrêté par des chants, dont les accords allaient jufqu'à mon ame, je retournai fur mes pas pour entendre de plus près ces fons enchanteurs, objets de mon raviffement & de mon extafe. Je conjecturai bientôt que cette harmonie pouvait venir de ce Ciel fortuné, où j'avais déja vû plus d'une fois, de tendres époux chanter enfemble dans l'yvreffe de leurs plaifirs & leur bonheur & leur amour. Je me tranfportai promptement dans cet heureux féjour, dont la furface mouillée d'une pluie d'or qui tombait comme la rofée du matin, exhalait les parfums des fleurs du printems. N'ofant plus marcher feul, je cherchais quelqu'un pour diriger mes pas mal-affurés dans ces routes étrangeres, lorfque je retrouvai mon Ange. O mon fils, me dit-il, vous avez déja appris à connaître tout le prix de l'amour conjugal; venez apprendre à en connaître les douceurs. Cette pluie d'or arrofe une enceinte facrée, au milieu de laquelle eft la demeure de trois couples unis, qui vivent dans le Paradis du bonheur; parce qu'ils ont trouvé la perfection de leur amour. Nous avançâmes;

je vis trois temples entourés de colon-
nes de bois de cèdre, dont l'architecture
fimple, mais majeftueufe, paraiffait avoir
dédaigné l'art pour fon embelliffement;
un de ces heureux époux n'ayant pas tar-
dé à paraître, mon Ange lui demanda,
pour moi, la liberté d'entretenir fa compagne; parce que, ajouta-t-il, celui qui
a permis qu'il franchiffe les barrieres du
Ciel, a déja purifié fon cœur. Il difparut
un moment, & revint à nous, accompagné de fes cohabitans & de leurs chaftes
moitiés. Ils fe retirerent un peu à l'écart,
comme pour me laiffer contempler à
loifir leurs attraits. Mes yeux rencontrant toujours les leurs, je ne pus m'empêcher de leur demander l'intention qu'elles pouvaient avoir en me fixant; nous
cherchons, répondirent-elles, à pénétrer dans votre ame; & comme nous
avons trouvé la chafteté de notre amour

dans la modeſtie de vos regards ; nous ne craignons plus de reſter devant vous. O femmes heureuſes ; leur dis-je ; révélez-moi donc le ſecret de votre bonheur. Auſſitôt une d'entr'elles me dit: Ecoutez, ſoyez prudent ; & gardez-vous de le répandre : Le Ciel nous donna la ſageſſe ; il la plaça dans nos cœurs ; pour rechercher l'amour dans le cœur de nos époux ; elle régla les déſirs qui l'entretiennent, la confiance qui l'augmente ; le zèle qui le fortifie ; d'elle enfin nâquirent tous ces mouvemens, toutes ces affections ; tous ces tendres épanchemens ; qui déterminerent nos goûts ; nos inclinations & nos panchans ; elle paraiſſait déja ſe reprocher de s'être trop engagée ; en m'apprenant davantage ; lorſqu'appercevant une colombe ; qui planait ſur ſa tête, elle ſe raſſura ; & continua dans ces termes: Votre ſexe a cinq ſens comme le nôtre ;

mais nous en avons un fixieme qu'il n'a
pas. Celui-ci eft la fource pure de tous
les tréfors, de tous les biens; c'eft lui
qui porte le feu dans le fein de nos époux,
par l'ardeur de nos regards & la flamme
de nos baifers. C'eft de lui que décou-
lent ces torrens délicieux, dont nous en-
yvrons leurs cœurs dans des abîmes de
voluptés & de plaifir; c'eft de lui . . . .
la colombe difparut, & celle qui m'in-
ftruifait, ceffa de parler. C'eft maintenant le moment du filence, reprirent
les époux; vous connaiffez aujourd'hui
une partie des fecrets de l'amour conjugal; mettez à profit cette leçon : & nous
nous féparâmes. ---

§. 5.

De l'union des ames jusques dans leur changement d'état.

S'il n'eft pas douteux que la premiere intention du Créateur fut en nous formaut,
de nous donner l'inclination de nous unir,
il eft également certain que cette union
doit s'étendre jufqu'à nos ames ; d'où l'on
peut dire avec vérité, que ce panchant à
fe défirer, à fe rechercher, exifte effen-
tiellement dans la volonté de la femme,
comme il réfide dans l'entendement de
l'homme. Cette inclination de volonté
eft conftante dans l'une & quelquefois
variable dans l'autre ; parce que l'homme,
né pour s'occuper de tant de chofes, rencontre plus fouvent dans fon cœur d'autres panchans, qui le diftraient du premier, ou le lui font oublier. Il n'en occupe pas moins la plus noble partie de

nous-

nous - mêmes ; & telle eſt la force de
ſon principe, qu'en ſurvivant à nos organes, il s'augmente, & ſe reproduit ſans
ceſſe juſques dans l'étendue des tems de
notre ſpiritualité. ——

Quoique ces panchans, ces inclinations ſoient les mêmes dans les deux ſexes,
ils varient cependant quant à la forme ;
auſſi voit - on la paſſion de l'homme ſe
montrer juſques dans la violence de ſes
tranſports, ou l'inſolence de ſa témérité,
comme on voit celle d'une femme ſe ca-
cher timidement ſous le voile de ſa pudeur, & repouſſer avec délicateſſe & re-
tenue, les careſſes qu'elle a déſirées. C'eſt
par ces amorces artificieuſes & permiſes,
que l'épouſe enflamme & captive ſon
époux: c'eſt par ces preſtiges ingénieux,
qu'en ſe fortifiant de ſa force , elle
l'affaiblit de ſa propre faibleſſe ; &
que fixant enfin l'amour dans ſon ſein,

ils parviennent l'un & l'autre à cet état d'union, de tranquillité, de concorde, & de paix, qui commence leur bonheur fur la terre, & qui fait encore leur félicité, quand ils n'y font plus.

La nature des êtres n'a pas moins concouru à l'extenfion de ce principe, en communiquant à leur matiere un fluide, dont les exundations entretiennent & abreuvent fans ceffe la fympathie des deux fexes, quand ils fe conviennent; comme le retour de ce fluide fur eux-mêmes, par une réaction contrainte fur fa propre fource, produit les haines, les répugnances & les antipathies. C'eft peut-être dans les différens dégrés de ces éma-nations, que nous devons chercher la rai-fon de ces éloignemens indélibérés, ou de ces préférences involontaires, qui nous portent à chérir tels ou tels objets fans les connaître; comme à les haïr, à les détef-

ter fans les avoir connus. Par une rétro-
gradation facile de la refpiration aux poumons, des poumons à notre cœur, & de
notre cœur à notre fang, on parviendrait
peut-être à fe rendre fenfible l'effet
merveilleux de l'émiffion de ce fluide,
qui porte, rapporte & communique par
un mouvement continuel, par une action
toujours la même, les particules divifées
de notre effence, comme nous recevons
également celles d'autrui.

Telles étaient les vérités, que je méditais, lorfque la mort ayant enlevé dans
un même jour, un Prêtre, un Philofophe & un Politique, je formai le def-
fein de voir encore de mes yeux l'accueil
qu'on leur avait fait dans le monde des
efprits. Au moment de mon arrivée, on
leur demandait ce qu'il y avait de nouveau fur la terre ? Des chofes, répondirent-ils, fi fingulieres, fi extraordi-

naires, que l'efprit des hommes ne peut
ni les concevoir, ni les comprendre, ni
les croire. Un Sage a élevé fa voix parmi
eux, & leur a dit : Qu'il tenait fa fageffe d'en-haut, qu'il communiquait avec
les Anges, qu'il avoit parcouru tous les
domiciles des intelligences, & toutes les
différentes fpheres des efprits ; que chacun, quoiqu'à la vérité dans un état infiniment plus parfait, y retrouvait fa premiere exiftence. Que nous y confervions
jufqu'à nos befoins, pour le feul plaifir
de nous fatisfaire, & que jufqu'à la nature elle-même y régénérait fes beautés ;
qu'on y voyait des lacs, des montagnes,
des plaines fertiles ; que les beaux arts
concouraient également à l'embelliffement de leur féjour ; qu'on y trouvait des
villes, des monumens & des palais ; que
l'or, l'argent & les pierres précieufes y
étaient en abondance ; qu'en un mot,

c'était en grand la repréſentation de notre monde ; ou plûtôt, que le nôtre n'é-
tait qu'une infidele imitation du leur.
Maintenant que vous n'en doutez plus,
leur dit - on, pour mieux déterminer le
dégré de la folie des hommes, dites-nous,
ce qu'ils en ont penſé. Le Prêtre reprit
la parole, & avoua qu'ainſi que tous
ceux de ſa claſſe, il avait regardé tout
ce merveilleux, comme l'effet naturel
d'une tête échauffée, qui ſe perſuade facilement tout ce que ſon imagination enfante. Qu'au ſurplus, la ſeule idée du jugement dernier, avant lequel, ſelon l'o-
pinion commune, l'ame devait demeu-
rer ſans corps, ſuffiſait pour les en diſ-
ſuader ; parce que tel eſt l'empire d'une
erreur accréditée, que ſouvent l'évidence
même a peine à la déraciner. Le Politique confeſſa comme le Théologien, qu'il
n'en avait rien cru, mais que ſa défian-

ce avait été établie fur des motifs différens; parce qu'il n'avait regardé tout ce
qu'on débitait de l'autre monde, que
comme des moyens dont les plus adroits
s'étaient fervis pour afervir leurs femblables par la crainte & la crédulité. Il
plaignit l'aveuglement des hommes en reconnaiffant fon erreur. Le Philofophe
prit la parole, & dit: J'ai fouillé dans
toutes les fources de l'antiquité, j'ai étudié, j'ai médité, j'ai recueilli tous les
fyftêmes, & je n'ai jamais rencontré la
vérité; c'eft pourquoi j'ai douté de tout;
je n'ai jamais rien affuré, ni contredit;
j'ai foumis mon amour-propre à ma défiance; j'ai du-moins combattu le fentiment de mon orgueil par l'aveu de mon
infuffifance, & dans l'incertitude du vrai
ou du faux, j'ai préféré de mourir dans
mon acatalepfie.

Eh pourquoi, leur répondit-on, dans

l'étroite fphere de vos cœurs, n'avez-vous
pas interrogé vos propres défirs! L'im-
proportion que vous euffiez trouvé entre leur étendue & l'impoffibilité de les
fatisfaire dans votre monde, vous eût
facilement prouvé la néceffité du nôtre,
vous euffiez reconnu le principe de l'immenfité de ces défirs, dans ce befoin
primordial d'aimer & d'être aimé; la
raifon du vuide de votre ame vous eût
fait connaître qu'elle avait la premiere
part à cet amour, & à la voix du Sage
qui vint vous éclairer; au lieu de traiter
fes préceptes de vifions, fes révélations,
fes inftructions de rêves, d'extravagances
& de chimeres; vous en euffiez cherché,
découvert & fenti la vérité. Une colonne
de feu parut fubitement à l'Orient; je
dirigeai mes pas vers l'endroit, où je
l'avais vû naître, & j'arrivai dans un lieu
charmant appellé *Adramandon*, ou le

jardin des époux. J'y vis un couple fortuné célébrer, dans l'innocence de leurs
transports, la fête de leurs cœurs & l'u-
nion de leurs ames.

D'après tout ce que j'y vis, je de-
meurai convaincu que la vie de l'homme dans l'espace même indéfini des tems,
n'était qu'une transmutation continuelle :
que telle que nous la voyons commencer
depuis l'enfance qui se perdait dans l'a-
dolescence, comme l'adolescence dans
l'âge de la puberté, celui-ci dans la virilité, comme la virilité dans la vieillesse,
elle avait toujours une progression trans-
mutative qui caractérisait une tendance
déterminée à un nouveau dégré de perfection; qu'ainsi que l'arbre, depuis le
premier instant qui a fécondé son germe,
n'est pas un seul moment sans subir un
nouveau changement par une nouvelle
végétation, de même l'homme extérieur

variait dans tous les inftans de fa vie, jufqu'au moment de fa diffolution; tandis
que l'homme intérieur continuait fes pro-
greffions à l'infini, jufqu'à l'éternité des
tems, pour arriver autant qu'il eft poffible, à l'immenfité des perfections. Car
comme l'amour n'a point de bornes; la
fcience, l'intelligence & la fageffe n'ont
point de terme. J'appris encore que cette fucceffion de mutations n'était pas la
même dans les deux fexes; que comme
l'homme recherchait la lumiere, la femme au contraire ne recherchait que la
chaleur, & qu'ainfi l'un & l'autre attiré
vers le même centre, leur coéxiftence
commençait, lorfqu'après parcouru tous
deux les différens cercles de leurs pro-
greffions refpectives, ils arrivaient enfin
à ce centre commun, où les nœuds parfaits de l'amour conjugal fixaient à jamais leur bonheur: parce qu'alors l'hom-

me devenant toujours plus homme, comme l'objet qu'il a défiré toujours plus ardent, toujours plus cher, ils rencontraient tous deux dans ce point d'unité l'accompliffement de tous les défirs & la fource de tous les biens.

A quelque tems de là, je me retrouvai dans le même monde des efprits, où l'on demandait encore à des êtres nouvellement délivrés des miferes humaines, ce qui les étonnait le plus dans ce nouveau féjour? C'eft, répondirent-ils, de ne pas y rencontrer ce repos éternel, qu'on nous y fouhaite ; c'eft d'y retrouver encore de nouvelles études à faire, de nouvelles connaiffances à acquérir, de nouveaux devoirs à remplir; c'eft enfin de retrouver dans un état fi différent du nôtre, la même néceffité de travailler à notre bonheur.

Que ferait-il donc, leur répondit un

des Sages qui préfidait, fi ce bonheur con-
fiftait dans un éternel repos & dans l'in-
fipide loifir d'une ftérile oifiveté ! quelle inconféquence dans l'efprit de l'homme , & quel eft donc celui d'entre eux
qui voudrait s'affujettir à cette indolen-
ce perpétuelle ? Quel eft l'homme, qui
pafferait ftupidement fa vie fans agita-
tion , fans mouvement & fans occupations ? Quel eft l'homme enfin qui ne
fait pas que l'ennui verfe le dégoût fur
les jours les plus fereins , & que l'ennui
naît du défœuvrement & de l'oifiveté ?
Voilà donc le tableau que vous vous
étiez formé de notre Ciel ! & voilà donc
l'affreufe idée que vous fubftituez à celle
que vous euffiez pû vous former de vous-
mêmes , en difcutant , en comparant ,
& en fuivant les conféquences de vos
propres raifonnemens. Reconnaiffez
donc maintenant qu'il n'eft point de re-

pos pour l'efprit ; parce que l'efprit par
fa nature ne fut pas formé pour le repos. Il porte en lui un caractere d'agi-
tation & de mouvement, dont il ne
peut fe dépouiller : voilà pourquoi vous
retrouvez dans ce nouveau monde, les
mêmes exercices &, à plus de perfections
près, les mêmes occupations que dans le
vôtre. Vos Sages fur la terre cherchent
la vérité fans la trouver, parce que par-
tout ils rencontrent l'erreur fous leurs
pas ; parce que partout la corruption a
laiffé le menfonge fur fes traces ; &
nous, quoique nous ne parvenions pas
à la connaître fans peine, fon feu fubtil
nous attire par dégrés à fon foyer,
felon le défir que nous avons d'y parvenir, & felon que nous brûlons pour
elle : c'eft encore par cette raifon que
vous diftinguerez parmi nous des efprits
qui vous fembleront avoir la fimplicité

des enfans, comme vous en trouverez
qui ont, en comparaison éloignée, la
sagesse & l'expérience des vieillards, ce
qui a de même établi parmi nous la différence de celui qui commande, avec
celui qui obéit, comme celle de celui
qui enseigne, avec celui qui écoute. —
Mais pour ne vous laisser rien à désirer,
venez, & suivez-moi dans une de nos
cités, où vous pourrez vous convaincre
de tout ce que vous venez d'entendre.
Il me fut permis de les accompagner,
& je remarquai encore leur étonnement
lorsque le Sage, qui les conduisait, les
eut fait entrer dans une bibliothèque im-
mense, dont chaque division séparée,
annonçait, par des étiquettes ornées des
différens attributs des sciences & des
beaux arts, les différens ouvrages qui
s'y trouvaient renfermés.

L'admiration des nouveaux venus

ne les empêcha pas encore à cette fois
de laisser éclater leur surprise. Hélas !
s'écrièrent - ils d'un commun accord,
notre nouvelle vie est - elle donc encore
un nouveau songe ! & comment votre
monde, que nous avions toujours conçu
sans aucune sorte de matiere, a - t - il
donc pû fournir à celle qui servit à com-
poser tout ce que nous voyons !

Je conçois encore, reprit le Sage,
que dans l'idée que vous vous êtes formée de ce monde spirituel, vous n'avez
pû le considérer que comme un espace
indéfini, qui ne pouvait contenir que le
vuide & par conséquent le néant de tous
les corps possibles : mais si vous eussiez
analysé la possibilité de tous les êtres,
vous eussiez distingué entre les corps ma-
tériels, tels que sont vos individus sur la
terre, & les corps substantiels, tels que
vous êtes devenus depuis que vous ha-

bitez parmi nous. Les uns sont formés des élémens de votre globe & les autres de la matiere subtile de notre sphere. Voilà ce qui fait entre les hommes & nous la différence de nos constitutions. Il en est de même ici de tout ce qui vous étonne : c'est à vous maintenant à profiter de ce que vous savez. C'est à vous à vous choisir la route pour arriver au bien ; mais souvenez-vous qu'il n'en est qu'une pour arriver au souverain bonheur ; c'est de vous appliquer à le chercher dans les nœuds d'un amour, qui en brûlant votre cœur, puisse embraser son foyer. Des vierges alors entourerent les nouveaux venus ; elles chanterent des hymnes à la gloire de l'Eternel, & elles les forcerent d'accompagner leurs chants, & de se mettre à l'unisson de leurs accords. ---

Toujours également tourmenté du
désir d'approfondir & de connaître les
secrets de cet amour, je formai le dessein de retourner encore dans cette enceinte sacrée, où mon Ange m'avait dit
que la pluie d'or, que j'avais vû tom-
ber, était la rosée ordinaire des époux
fortunés, qui vivaient sous son Ciel. J'y
arrivai; j'y fus reconnu, & j'y reçus le
même accueil. Encouragé par des dispositions si favorables, mon premier soin
fut de m'informer de la colombe, dont
la présence ouvrait la bouche, comme
la retraite la faisait fermer. Celle, qui
la premiere fois avait craint d'en trop
dire, me répondit, en souriant, que le
jour même elle avait encore plané sur sa
tête ; & qu'à son retour elle avait présa-
gé le mien. En ce cas, vous m'appren-
drez, lui dis-je, le reste des secrets de
l'amour conjugal; non, reprit-elle, car
ils

ils font au-deffus de votre fageffe; vous
vous glorifiez fur nous de vos avantages,
& nous nous glorifions fur vous des nô-
tres. Alors la colombe furvint; elle l'ap-
perçut; je treffaillis d'aife, & elle continua : Le Ciel a mis dans nos cœurs la
tendreffe pour vous adoucir, & la fou-
miffion pour vous plaire. . . . La colombe battit des aîles, fit entendre un gé-
miffement, & prit fon vol; elle fe tut un
moment; puis s'adreffant à fes compa-
gnes : Nous fommes aimées, eh qu'im-
porte, après tout, fi nous donnons à
d'autres les fecrets de fe faire aimer ?

§. 6.
Des univerfaux de l'amour con-
jugal.

Si l'on voulait approfondir & difcuter
l'amour conjugal dans toute fon étendue; fi l'on voulait s'arrêter à le con-

fidérer fous tous fes différens rapports, fous toutes fes formes, il ne faudrait plus penfer à borner cet Ouvrage; parce que malgré tout ce qu'on pourrait en dire, on n'aurait jamais tout dit. Je ne prétens donc m'arrêter ici qu'à des principes généraux, dont l'étude & l'application de ceux qui liront cet Ouvrage, trouveront facilement les conféquences.

Il faut donc favoir que chaque forte d'amour a fon fens particulier, comme chacun de nos fens a un genre d'amour qui lui eft propre. La vûe eft le fens de l'amour de voir pour le plaifir d'admirer, & la jouïffance de cet amour eft l'ordre, la fymmétrie & la beauté. L'ouïe eft le fens de l'amour d'entendre pour le plaifir de profiter; fa jouïffance eft dans la mélodie des accords & les charmes de l'harmonie. L'odorat eft le fens de l'amour qui cherche dans l'élément de l'air les rapports qui peuvent le satisfaire, & sa jouïssance est l'exhalaison des odeurs & la douceur des parfums. Le goût est le sens de l'amour qui veille à l'entretien de notre existence, en accordant les moyens qui la flattent avec ceux qui la conservent ; & la jouïssance de cet amour est dans les festins, dans la délicatesse des mets & dans le choix des alimens. Le tact est le sens de l'amour qui cherche à distinguer dans les différens objets leurs contrariétés ou leurs rapports, pour les rejetter ou pour s'y plaire, & sa jouïssance infiniment supérieure à toutes les autres, existe dans ces sensations délicieuses, dans ces titillations qui produisent & reproduisent dans toutes les parties de notre individu un sentiment agréable, qui filtré à travers ce tissu subtil d'houpes nerveuses, dont le Créateur enveloppa les extrémités de nos organes,

devenu plus subtil, pénetre jusqu'à notre ame; qui elle-même par sa maniere
violente de sentir, en reprenant son empire, soumet le reste de nos sens, détermine en ce moment, les convulsions
de la nature, & l'épilepsie du plaisir. ---
Tel est le sens de l'amour conjugal, dont
je laisse aux amans à étendre le tableau,
& à embellir l'image; telle est encore la
corréspondance de nos inclinations & de
nos goûts avec les sens qui leur font propres; telle est enfin la seule étoile, qui
puisse nous conduire à la vérité, comme
à la connaissance de nous-mêmes, en
nous faisant remonter jusqu'à la premiere source de nos passions. ---

L'amour conjugal est tellement le
souverain bien, que nous sommes forcés de reconnaître sa supériorité jusques
dans les vœux que nous formons pour
sa durée. Quel est l'état sur la terre,

dont la jouïssance ne diminue pas le bonheur? Les Rois eux-mêmes ont-ils connu les douceurs de la royauté? esclaves dès le berceau de ces usages orgueilleux, dont la vanité bâtit les échafauts de leur grandeur, contrariés dans leur enfance, & trompés dans tous les âges, enyvrés d'encens, fatigués, rebutés, dégoûtés de la vie, ils emportent dans le tombeau, moins le désir de vivre encore, que le regret d'avoir vécu. Eh que regretteriez-vous, Monarques sans pouvoir, qui souvent respirez en naissant l'haleine du mensonge sur les lèvres de vos courtisans? que regretteriez-vous, esclaves couronnés? un sceptre, souvent pourri dans vos mains corrompues par l'ignorance de vos Ministres & l'insolence de vos Favoris? Que regretteriez-vous enfin, vous-mêmes, Rois sages & bienfaisans, Princes amis de l'humanité,

qui, après avoir percé le nuage des illu-
fions qui vous environnent, pour reconnaître vos obligations & vos devoirs, n'y
trouvez qu'un poids, qui vous affujettit,
qu'un fardeau qui vous écrafe, & qui
malgré les honneurs qu'on vous rend,
vous force à détefter jufqu'à votre gloire,
par le fang qu'elle a fait répandre? Quel
eft donc celui qui content de fon fort,
a défiré d'en voir perpétuer la durée
jufqu'au dernier terme de fa vie? à plus
forte raifon, quel eft celui qui voudrait
le voir prolonger jufqu'à l'immenfité des
tems? Il n'eft donc que l'amour conjugal qui puiffe nous donner l'idée d'un
bonheur inépuifable. Il n'eft donc que
l'amour conjugal, tel qu'il doit être, qui
puiffe nous rendre fupportable l'idée de
l'éternité; parce qu'indéterminé, indéfini comme elle, il n'eft que l'amour
conjugal, qui puiffe fuffire à l'immenfi-

té de nos défirs & au vuide de nos cœurs. ——

Le partage des êtres vivans en deux fexes prouve encore leurs rapports, juf-ques dans l'éloignement des qualités qui leur font propres. L'homme eft agrefte, dur & fauvage dans fes manieres; & la douceur, l'élégance & le maintien lui plaifent dans les femmes. Les mufcles du premier, plus tendus, fes arteres plus fournis, un teint plus mâle, annoncent en lui une organifation plus complette, plus décidée & plus nerveufe. Cependant où fes yeux s'adreffent-ils pour chercher & rencontrer la beauté? Le premier homme en avait-il fenti la différence, lorfque, jettant les yeux à fon réveil fur la compagne que le Ciel lui donnait, il s'écriait, en contemplant fes charmes: Eft-ce donc là le limon dont je fus for-mé? ô Dieu! arrête les merveilles de

ta puiſſance, ou reprens ton chef-d'œuvre, ſi tu ne veux pas qu'il partage ton
culte. ---

Qu'on obſerve, qu'on ſuive & qu'on
étudie les inclinations des deux ſexes juſques dans les jeux innocens de leur enfance : on y reconnaîtra toujours la vi-
vacité, la pétulance & la force de l'un,
ſubjuguée, commandée & dominée par
la candeur, la faibleſſe, & l'impuiſſance
de l'autre, quoiqu'il n'y ait encore dans
leur cœur qu'un principe commencé.
L'enfant de ſept ans querellera, diſpute-
ra & nuira même, s'il en a le pouvoir, à
ſes ſemblables, tandis qu'il cédera à une
fille du même âge, qui aurait encore
moins le pouvoir de lui réſiſter; comme ſi la concordance établie pour faire
le bonheur des deux ſexes, était la premiere leçon de ſon inſtinct. Il n'eſt pas
douteux que les plaiſirs de l'amour con-

jugal, entant que fentimens intérieurs, ne tiennent autant à la fpiritualité, que notre entendement, nos volontés & nos idées. Et comme il eft également évident que notre ame en partage l'yvreffe dans l'incubation, nous ne pouvons ni nous ne devons la regarder comme neutre & paffive dans la caufe de notre reprotion; puifque de fa feule intervention communiquée, s'engendre une fubftance, en tout ou en partie femblable à elle, qui porte la fpiritualité, le mouvement, la chaleur & la vie dans le fruit de l'amour.

Enfin telle fut la volonté du Créateur, qu'en plaçant le bonheur parfait dans les nœuds de l'amour conjugal, il plaça lui-même dans le fond de nos cœurs, ces défirs, ces inclinations & ces panchans, qui en nous prouvant fans ceffe le befoin d'aimer, nous prouvent également la néceffité de nous unir, foit fur la terre quand il permet que nous puiffions y rencontrer l'objet qui nous attend; foit dans les différentes fpheres qui nous reftent à parcourir, quand nous n'avons pas été affez heureux pour le rencontrer fur la terre.

Un jour que j'étais occupé à méditer fur ce qui m'avait été révélé, je me trouvai interrompu par un bruit fouterrain, dont je voulus pénétrer la caufe. Je fortis, & portant mes premiers regards vers le Ciel, je cherchais à y découvrir, fi ce bruit, que je venais d'entendre, n'était pas pour moi un nouvel avertiffement. Des voix qui femblaient fortir des entrailles de la terre, me firent avancer fur le bord d'un abîme, dont je ne pouvais mefurer la profondeur. Entraîné par ma curiofité, je defcendis quelque tems, & j'entendis

diftinctement plufieurs voix qui criaient:
ô que nous fommes juftes! ô que nous
fommes favans! ô que nous fommes
fages! L'envie de voir ces Coriphées
de la juftice, de l'érudition & de la fageffe me fit encore avancer jufqu'à eux.
Qu'y vis-je? des arbres dépouillés, des
antres, des cavernes, des repaires, tels
que ceux où les monftres fauvages fe
retirent dans les païs inhabités. Qu'y
entendis-je encore? des arrêts injuftes,
toutes les erreurs de l'ignorance, & celles de la fuperftition; enfin toutes les
extravagances, tous les délires, toutes
les prophanations. — Pour achever de
me convaincre de leur folie, en m'a-
dreffant à un de ceux qui avaient exalté leur favoir, ne pourrais-je pas, lui
dis-je, raifonner, m'entretenir & m'inftruire avec vous? Volontiers, répondit-il, il n'eft rien qui puiffe paffer les

bornes de notre connaiſſance & l'étendue de nos lumieres. En ce cas-là,
repris-je, apprenez-moi ſi l'on peut parvenir à ſe rendre heureux par le culte
de la Divinité ? Il faut commencer,
rapartit-il, par diviſer & ſousdiviſer la
queſtion ; — Il faut ſavoir premiere-
ment, s'il exiſte un culte ; enſuite prouver l'exiſtence du bonheur ; troiſieme-
ment, ſi en reconnaiſſant un culte, on
doit l'admettre excluſivement à tout autre ; quatriememient, ſi pour l'exiſtence
du bonheur, il y a un lieu de peine &
de plaiſir ; cinquiememement, ſi pour que
ce bonheur ſoit à jamais perpétué, nous
pouvons nous promettre une éternité de
jouïſſances. — Il allait encore ajouter
de nouvelles diviſions aux premieres,
lorſque craignant moi-même de me perdre dans la confuſion de ſes raiſonnemens, je le priai de les abréger en raſ-

semblant, en rapprochant ses idées, pour
que je ne m'en retourne pas sans avoir
rien appris. Et quel tems, me demanda - t - il, voulez - vous donc rester avec
nous ? Et quel tems, lui répondis - je,
vous faut-il à vous-même pour la so-
lution de ma demande ? En nous ré-
unissant tous, reprit-il, pour vous satisfaire, il nous faut au moins cent ans
pour éclaircir vos doutes. O insensés !
leur repartis - je avec pitié , quelle est
donc votre science, sinon la folie de
de votre orgueil & de votre vanité ?
Vous avez méconnu jusqu'à présent le
culte de l'Être suprême, & il vous faut
encore un siecle pour en discuter seule-
ment la nécessité ? Si tout ce qui est ici
vous ressemble, je fuis la folie de votre science, l'iniquité de vos justes, &
l'abomination de vos Sages. --- Aussitôt
la fureur les saisit ; je fuiais, mais tou-

jours avec la crainte d'être la victime de leur rage, lorsque mon Ange apparaissant soudain fit retourner d'un seul regard leurs transports sur eux-mêmes; un nouvel abîme s'ouvrit encore au fond de leur abîme, & mes yeux ne les virent plus.

En rendant graces à l'intelligence, qui m'avait secouru si à-propos, je lui témoignais ma surprise de tout ce que je venais de voir & d'entendre. Elle me dit : ô mon fils ! qu'avez-vous donc vû que vous n'ayez pû voir chaque jour parmi les habitans de votre monde ! Que font parmi vous vos justes, vos savans & vos sages ? la justice, la sagesse & la vérité n'ont qu'une source ; l'erreur & le mensonge en ont mille ; & c'est à celles-là que l'orgueil les conduit. Quels sont ceux, qui se dépouilleront aujourd'hui de leurs opinions pour s'attacher à

la doctrine, que nous vous avons appris? Quels font ceux, qui voudront fa
crifier un feul de leurs préjugés à vos
principes? Quels font ceux, ô mon fils!
quels font ceux qui vous ont crû, quand
vous avez parlé? N'ont-ils pas pris votre fageffe pour de la folie, & les lumieres que vous avez reçues de nous,
pour les délires d'une imagination vaga-
bonde, ou les rêves infenfés de vos
nuits? Euffiez-vous encore le don des
prodiges, vous ne les convaincriez pas,
fi l'Eternel ne difpofait leur cœur à la
vérité; & pour qu'il les difpofe, il a
droit d'exiger d'eux l'envie de la con-
noître. Allez, retournez fur la terre
pour conferver fon germe parmi la race
des hommes; parce qu'il naîtra d'eux
des enfans qui ne reffembleront pas à
leurs peres.

§. 7.

Des causes contraires à l'amour con-jugal d'où naissent le réfroidisse-ment & le divorce.

Le premier feu de l'amour dérive né-cessairement de sa spiritualité ; il dimi-minue en proportion de ce qu'il s'éloi-gne de son foyer. Ce refroidissement, qui commence par la désunion des ames, a bientôt entraîné celle des cœurs. De-là ces goûts éphémeres & passagers, qui nous séduisent pour l'instant ; de-là la honte & le regret, qui suivent toujours la débauche ; de-là la répugnance & l'a-version pour ce qui en fut l'objet. Tel est le premier caractere de l'amour im-pur, que, mis en opposition avec l'a-mour conjugal, il prouve, sans qu'il soit besoin d'en discuter les suites, qu'il nous conduit sûrement à tous les maux, com-me me l'autre nous conduit sûrement à tous les biens.

Il ne faut pas croire cependant, que tous les époux soient prédestinés au même bonheur, & que les chaînes de l'hymen soient toujours celles de la félicité. La condition de l'homme serait réellement heureuse, si dans la nécessité de rechercher la moitié de son essence, le sort lui faisait rencontrer celle à laquelle il doit véritablement s'unir. On ne verrait sur la terre que les époux constans de l'âge d'or. Moins éloignés de la nature, la volupté reparaîtrait sans crainte aux yeux de la pudeur, & les hommes rendus à l'enfance des mœurs, en s'enyvrant des vrais plaisirs, retrouveraient leur innocence. Mais ce n'est plus l'amour pour le bonheur d'aimer, qui forme aujourd'hui les nœuds de l'hymen ; ce n'est plus dans l'intention du Créateur, ni dans la conſtitution primitive de l'ordre établi, qu'on contracte les nœuds : la facilité diſpoſe, la convenance détermine, l'intérêt décide ; inſenſiblement la vérité perce le voile de la diſſimulation ; la gêne, la contrainte la démaſquent ; le dégoût ſurvient, les contrariétés ſuccèdent, les plaintes naiſſent, les regrets s'expliquent, l'averſion paraît, on ſe hait, on ſe déteſte & l'on s'abhorre ; parce qu'avant de s'unir on n'a pas interrogé ſon cœur ; parce qu'en oubliant ſon ame dans le choix qu'on a fait, on n'a pas étudié ſa rénitence ou ſon panchant.

A quoi peut-on attribuer la dépravation des hommes, ſi ce n'eſt à la corruption du principe de ſon amour ? La premiere couche nuptiale, qui devint adultere, fut celle à laquelle il n'avait pas participé : & le mal toujours naiſfant du mal, croiffant & s'augmentant par dégrés, donna naiffance à tous les crimes.

Dans l'examen des caufes contraires à l'amour conjugal, on diftingue aifé‑ ment ce qui le conferve, ou ce qui l'é‑ loigne; ce qui l'entretient, ou ce qui le détruit: c'eft donc fur la conformité des rapports, fur fes impreffions inté‑ rieures, & d'après une étude fcrupu‑ leufe de l'objet qu'on recherche, qu'on doit s'en éloigner ou s'y fixer pour être heureux, à moins que d'être du nom‑ bre de fes ames privilégiées, auxquelles la Providence, pour manifefter encore cet amour, daigne elle‑même indiquer le choix qu'elle a fait pour elles.

Ajoutons encore à ces contraires, ces caufes accidentelles, qui, en divi‑ fant également l'amour dans fon effence, retranchent une partie de fes plaifirs.

Eloignons de l'hymen ces organes uſés
dans la débauche, flétris dans la luxure,
& corrompus dans la proſtitution; éloi-
gnons en encore ceux qui, plus chargés
que les autres du poids des miſeres de la
vie, n'ont que l'uſage borné de leurs propres facultés, tels que les imbécilles,
ou les fous pour leſquels, pour la dignité de l'amour pur, le Ciel n'a pas
marqué le tems d'aimer, & de s'unir
ſur la terre. — Eloignons enfin tout ce
qui peut porter la répugnance dans nos
organes, l'averſion dans notre cœur, &
le refroidiſſement dans notre ame; parce que nous ne ſommes formés que pour
l'amour; parce que dans tous les tems,
dans tous les mondes, nous ne ſommes
heureux que par l'amour; parce qu'enfin les vûes du Créateur ne ſont, & ne
peuvent être remplies que par l'amour.

C'eſt ſur-tout dans notre ſeconde
vie que ſes principes ſe développent ;
parce que nous les voyons alors plus im-
médiatement ; parce que nos ſubſtances
renouvellées acquierent un commencement de perfection, & qu'alors toute
notre application , tous nos actes ont
ſans ceſſe rapport à cet amour. Dans le
monde des eſprits, j'ai vû entre l'Orient
& le Septentrion, des lieux deſtinés &
conſacrés à l'inſtruction de tous les âges.
D'un côté on diſpoſe les cœurs des enfans qui ſont morts dans le berceau;
d'un autre côté on y purifie celui des
jeunes gens, qui ont aſſez vécu ſur la
terre pour s'y laiſſer corrompre , & encore plus du côté de l'Orient, on y ré-
génere dans le cœur des vieillards la
ſource & la pureté de cet amour. Ce
n'eſt qu'après le terme marqué pour
cette préparation , que chacun ſe diſ-

perfe & commence réellement fa nouvelle vie dans ce nouveau féjour.

Je me rappellais encore, pour me les
graver davantage, toutes les leçons que
j'avais entendu donner dans ces différentes écoles de fageffe; lorfque mon Ange
vint à moi, & me dit: Maintenant que
vous connaiffez les caufes contraires du
véritable amour, venez, foyez encore
témoin de la folie de ceux qui s'en éloi-
gnent. Soudain je vis à ma gauche la
terre s'entr'ouvrir. Un fpectre parut; la
férocité était dans fes yeux, fon vifage
ulcéré, fa poitrine enflée, des levres
couvertes d'écume, & une bouche qui
vomiffait des flammes; tel était ce monftre infernal qui vint s'offrir à mes regards épouvantés. — Ne m'approche
pas, m'écriais-je en tremblant, mais
fi tu veux me répondre, apprens-moi
de loin qui tu ès? Je fuis, reprit-il

d'une voix rauque & effrayante, je fuis un habitant des abîmes, & quoique je daigne aujourd'hui m'abaiffer jufqu'à te répondre, apprens que tout autant que nous y fommes, il n'eft point de puiffance au-deffus de la nôtre. Nous fommes tous Empereurs des Empereurs, Rois des Rois, Princes des Princes ; nous fommes affis fur le Trône des Trônes ; nous régnons fur l'Empire des Empires, & nous dominons fur le monde de tous les mondes. Mon Ange fatisfait de mon mépris pour fa folie, & de l'horreur, qu'il m'infpirait, m'apprit qu'il avait été fur la terre un de ces infenfés orgueilleux, qui, pour avoir laiffé corrompre le principe de fon amour, avait nourri toute fa vie fon efprit des menfonges de la vanité, des chimeres de la grandeur & des délires de l'ambition. Le plus grand & le plus funefte

de tous. les maux, ajouta-t-il, c'eſt que
juſques même dans les épreuves de ce
ſéjour, leur ame immonde ne peut plus
reprendre ſa pureté, quand ce divin
principe a été dénaturé par l'habitude,
ou abâtardi par la folie. Voilà pourquoi, éloignés des êtres purs & réduits
aux antres ſouterrains, où le Ciel les a
vomis, ils ſont à jamais condamnés à ſe
traîner tour à tour dans l'opprobre de
leur démence, & à trouver leurs ſuppli-
ces dans le néant de leurs idées. —

Mon Ange parlait encore, lorſqu'à
ma droite la terre s'entr'ouvrit une ſeconde fois; un nouveau ſpectre parut;
les couleuvres ſifflaient ſur ſa tête, & des
viperes entrelacées aux extrémites de ſes
pieds & repliées juſques ſur ſes reins,
dardaient par une ſituation recourbée
leur venin juſques dans ſa bouche, qui
laiſſait exhaler en fumée la vapeur in-

fecte, & la puanteur de ce breuvage em-
poifonné. — Au premier moment la
frayeur avait détourné ma vûe ; mais
quelle fût encore ma furprife lorfque jettant mes regards fur lui, je vis l'Empe-
reur des Empereurs, le Roi des Rois,
le Prince des Princes, à fes pieds, qui,
courbé, profterné, paraiffait avoir ou-
blié devant lui fon Trône des Trônes,
fon Empire des Empires & fon Regne
de tous les mondes. — O infenfé!
m'écriais-je, ô infenfé que fais-tu? Re-
connais donc ta folie puifqu'aujourd'hui
malgré toi tu compromets ta gloire. —
Laiffe-le m'adorer, répondit l'autre ;
je fuis l'Effence des Effences, l'Être des
Êtres, le Dieu des Dieux ; les Cieux &
l'Enfer font à moi ; je punis ou je récompenfe, la foudre eft dans mes mains,
& j'écrafe la boue des hommes comme
je difperfe la pouffiere des Rois. — Mon

Ange alors me fourit, & moins par
frayeur que par indignation du blafphê-
me, je me précipitai dans fes bras. ----
Fut-il homme, lui demandai-je, & de
tels monftres ont-ils jamais exifté fur la
terre ?---- Oui, me répondit-il, & pour
le malheur de l'humanité, il en exifte
encore. L'orgueil de celui que vous
voyez commença fur les dégrés du temple du Dieu que nous fervons ; il ceffa
d'être homme dans le parvis ; il fut Dé-
mon dans le Sanctuaire ; & il ne lui a
manqué que le tems de fe placer fur
l'Autel. Tel eft, ô mon fils, le dan-
ger de cet état que la Religion confa-
cre, que fes miniftres obligés à paraître
plus parfaits, s'occupent rarement à le
devenir, & que réglant fouvent leur orgueil fur la néceffité des perfections ,
comme fur la crédulité de l'ignorance,
ils laiffent infenfiblement transformer en

eux ce principe d'amour, en amour d'eux-
mêmes, qui les conduit fans retour à
leur perte.

§. 8.

Des apparences de l'amour conjugal & de leurs caufes.

Si la propagation des hommes eût dé-
pendu de la perfection de leur amour,
leur race ferait éteinte, & leur poftéri-
té ne fubfifterait plus. La Providence
a donc placé pour eux, jufques dans le
défordre, des freins qui les arrêtent,
qui les retiennent, & qui les fixent dans
l'amour même qu'ils fe font formé.
La fociété n'eft, pour ainfi dire, remplie que de ces unions factices, qui ont
toutes les apparences du véritable amour:
parce que les affections extérieures peuvent s'accorder, quoique les affections

intérieures, qui conftituent la plus grande partie de l'amour conjugal, n'aient
aucun rapport entre elles. Les hommes
ont également fortifié cette harmonie
partagée par des préjugés utiles, tels que
ceux qu'un fentiment particulier de la
reproduction d'eux-mêmes leur infpire,
en attachant leur gloire à leur fécondité,
& le devoir à l'éducation de ceux qui
doivent hériter de leur nom, & les re-
préfenter un jour. Cette gloire réciproquement fentie, ce travail devenu commun, en forçant le concours des époux,
en détermine une forte d'unité, qui,
fans raffembler toutes les douceurs, tous
les plaifirs du véritable amour, a néanmoins une petite partie de ces avantages. Il peut même arriver que les convenances, qui les ont affortis, entretiennent l'union, qu'elles ont commencée, mais fans raprocher les ames. De-

là cés apparences de bonheur, qu'on croit appercevoir, chaque jour, dans l'intérieur privé des familles ; quoiqu'au fond il ne foit qu'une repréfentation paffagere & ftérile de celui que le feul amour vrai peut nous procurer. Les apparences de ce bonheur, en effet s'évanouiffent en nous avec la vie ; & fi elles nous fuivent encore dans le monde des efprits, nous ne fommes pas longtems fans nous y convaincre que l'homogénéité des affections extérieures n'a qu'une ftabilité d'occafions ; & que l'occafion ne fubfiftant plus, l'antipathie des affections intérieures nous dominant à fon tour, l'apparence ceffe avec l'objet qui la détermine. — L'homme, dans ce nouvel état, n'a plus la vérité en fon pouvoir, pour l'obfcurcir, ou la diffimuler ; mais il eft entierement au pouvoir de la vérité, qui montre à tous les yeux, fes qualités, fes propenfions, fes défauts, fes vertus ou fes vices. Ces amans perfides, ces amis trompeurs, ces adulateurs des Rois, porteront fur leur front l'empreinte du menfonge; couverts de honte & tourmentés par leurs remords, les reproches de ceux qu'ils auront féduits, ajouteront encore à leurs fupplices. Eloignés l'un de l'autre, par une entiere connaiffance de la différence de leurs affections, contraints de fe defcendre à l'amour d'eux-mêmes, pour en emprunter la haine & l'exécration, ils la vomiront jufques dans le fein que leur artifice avait careffé. Cruellement rapprochés par la néceffité de fe connaître, & par le défir de fe vanger, ils rompront tôt ou tard, les nœuds funeftes d'un amour impofteur ou les liens coupables d'une amitié perfide.

Comme l'amour conjugal peut souvent se rencontrer sous une autre forme que celle qui lui est propre, de même la représentation ou le simulacre de cet amour peut nous tromper encore jusques dans les apparences d'une union, qui n'est établie ni sur des rapports intérieurs, ni sur des affinités extérieures, ni sur aucun autre principe de concordance & d'harmonie. Nous ne devons, à la rigueur, regarder la forme que les loix divines & humaines ont donné aux nœuds du mariage, que comme un moyen de nous rendre plus précieuse la nécessité de nous unir, & pour donner une sanction de plus aux nœuds que nous contractons en nous abandonnant à notre amour, qui, tant qu'il conserve la pureté de son essence, est, par sa spiritualité, la chaîne immédiate de la sagesse, & de toutes les perfections de l'humanité. C'eſt dans le don de deux cœurs qui ſe conviennent, comme dans le paĉte mutuel de leur volonté, que conſiſte le premier aĉte de ſa puiſſance. Ce don, ce paĉte de conſentement réciproque, entant qu'émanés du vrai principe de l'amour, n'en conſtituent pas moins, indépendamment des formes, une union ſainte & ſacrée, qui, quoique ſecrette, miſtérieuſe & voilée ſur la terre, y laiſſe ſon voile avec la dépouille des époux, pour ſe produire dans le nouveau monde, avec tout ſon éclat. J'y ai moi-même entretenu des Princes & des Rois, qui, aſſervis comme leurs ſujets aux préjugés & aux uſages, contrariés & contraints par la majeſté de leurs rangs ou par des convenances d'état, n'avaient jamais laiſſé échapper de leur cœur le ſecret de leur amour; ils m'ont appris que ce n'eſt pas aux flam-

beaux

beaux des Autels que doit s'allumer le premier flambeau de l'hymen ; & jusqu'où les époux, qui recherchent le véritable amour, doivent être scrupuleux & délicats sur la discussion des motifs, qui les en dispensat, pour ne pas s'exposer aux suites malheureuses d'un coupable abandon, qui replacerait ces tristes victimes de l'inconstance, & du regret dans l'ordre de ces êtres méprisables, que la société réprouve ; parce qu'ils en dérangent l'harmonie, en substituant l'amour adultere à l'amour pur, & un concubinage funeste aux nœuds sacrés & respectables de l'hymen.

Traversant un jour un des Cieux de l'Orient, j'apperçus sept femmes qui, couchées mollement sur des lits de roses, que sans doute leurs époux avaient préparés pour les y faire attendre plus agréablement leur retour, s'entretenaient de leur bonheur. Une fource pure formait un baffin à leurs pieds, & jufqu'aux Zéphirs, d'accord avec fes ondes, craignaient d'agiter leur furface pour les y laiffer contempler leur beauté. Comme j'avais entendu qu'en raifonnant entre elles fur l'amour conjugal, elles raportaient fes délices à la fageffe, je m'avançai timidement, & j'obtins d'elles les nouveaux éclairciffemens que je défirais. Qu'eft-ce donc que la fageffe, leur demandai-je? C'eft, me répondirent elles, d'interroger continuellement fon cœur, fur le principe d'un fentiment, qui ne s'y détruit jamais; c'eft de chercher dans ce premier fentiment qui nous fut donné, l'intention de l'Être fuprême, qui nous le donna. C'eft de fe régler fur cette intention, pour remplir fa déftinée; & c'eft, en un mot, la remplir, que de chercher fans relâche dans

l'amour même ce dégré de perfection,
qui abîme nos ames, & qui nous confond avec l'objet que nous aimons.
L'homme a la fageffe de l'entendement,
comme nous la fageffe de volonté. C'eft
par une action & une réaction continuelle de ces deux qualités, qui nous
font propres, que nous parvenons par
dégrés au centre heureux d'unité à laquelle des jouiffances délicieufes ont déja préparé nos cœurs. — Elles finiffaient
de parler, lorfqu'un enfant au regard
de la colombe, & brillant comme l'aurore, qui commence à paraître, s'avança jufqu'à moi, & me dit : Portez la vérité aux habitans de votre monde &
vous aurez pofé les premiers fondemens
de la nouvelle Jérufalem. Un globe de
feu vint alors fe former en couronne
fur fon front, & je ne le vis plus.

Quelques jours après, l'envie de m'inftruire m'ayant encore ramené dans le même endroit, j'y retrouvai les fept époufes qui n'avaient pas encore ceffé de s'entretenir de leur amour. Chaque feuille de rofe avait produit fa tige, chaque tige avait produit fes branches, chaque branche avait produit fes fleurs. Cette fource glorieufe d'avoir porté fur fon onde l'image de leurs attraits, formait déja un lac fpatieux dont les ondulations toujours dirigées de leur côté, femblaient, en venant mourir à leurs pieds, leur redemander encore cette faveur.

Je m'approchai d'elles, comme la premiere fois, & je leur dis : O femmes heureufes ! j'ai redit aux femmes de notre monde les fecrets de votre bonheur; je leur ai fidélement rendu les leçons que vous aviez bien voulu me laif-

ser puiser dans les tréfors de votre fageffe ; je leur ai parlé des délices de cet
amour, qui exclut tout fentiment coupable, tout défir criminel, toute con-
cupifcence étrangere ; parce qu'il fixe
notre ame dans les voies de la félicité. —
Elles ont ri de mes difcours ; j'ai paru à leurs yeux un infenfé, & j'ai paffé dans léur efprit pour un enthoufiafte
ridicule, qui cherchait à perfuader les
vifions de fa folie, les rêves de fon imagination & les délires de fon cerveau.
A peine, ont elles ajouté , croirions-
nous aux plaifirs mêmes de la jouïffance ? puifqu'il eft rare que nous la par-
tagions ; & que le plus fouvent, la com-
plaifance nous arrache ce que nous fommes entierement fàchées d'accorder : Et
vous voulez que nous croyions à vos chimeres ! & vous voulez que nous regar-
dions l'amour conjugal comme le pre-

mier de tous les biens ! & vous voulez
nous perfuader que ce nouveau fiftême
d'affection eft par-deffus tout, le principe de toute fageffe. Allez, retournez
à ces époufes miftiques ; allez charmer
leur langueur en entretenant leur folie ;
& croyez donc qu'il y a plus de fageffe
dans notre monde que dans celui d'où
vous prétendez revenir. Parce que ce
divin principe eft déja corrompu dans
leurs cœurs, elles ne vous ont pas com-
pris, me dirent-elles, vous n'avez trouvé que des ames refroidies, dans les-
quelles les feux du véritable amour font
éteints, ne vous rebutez pas. Laiffez-
en fur la terre des traces après vous ; parce que les enfans de la nouvelle Jérufalem les recueilleront un jour. Auffitôt
leurs époux arriverent, & me préfente-
rent des faits dont les uns étaient d'une
faveur fans égale, & les autres remplis

d'amertume. Que leur différence, me
dirent encore ces époux fortunés, foit
une preuve pour vous, que jufque dans
l'abfence même, la penfée nous unit.
Quoiqu'éloignés d'elles nous communi-
quions enfemble, & pour ajouter encore
aux inftructions qu'elles vous donnaient,
fouvenez-vous en contemplant la beauté
des ces fruits, qu'en charmant également vos regards, ils font l'image de
l'amour qui porte en lui le poifon ou la
vie. Leurs tendres moitiés fe précipi-
terent alors dans leurs bras; & l'enfant
que lj'avais déja vû redefcendit du Ciel
fur un nuage enflammé, dont il les
couvrit fans doute pour dérober à mes
yeux le refte de leurs plaifirs. ---

§. 9.

Des nôces, des secondes nôces & de la polygamie.

Les coûtumes, les préjugés & les usages, auxquels on a assujetti l'amour conjugal, jusques dans ses apparences, tiennent encore à la dignité de son principe. Il était juste que l'homme en reconnaissant ce sentiment d'union comme le plus respectable & le plus utile à la propagation de l'espèce humaine, par conséquent le plus nécessaire à la société, forma autour de lui cette barriere imposante, qui nous force au respect pour les nœuds que nous voulons contracter. De-là l'établissement des nôces & des différentes cérémonies du mariage chez tous les peuples ; de-là cette recherche abandonnée au mari pour le choix d'u-

ne époufe; de-là ces raifons d'honnê-
teté publique & de décence qui forcent
ces dernieres au filence jufques dans
leurs défirs; & qui, en leur permet-
tant de défirer, ne leur permettent pas
de prévenir. De-là ces gages frivoles &
ces dons fans valeur des amans, auxquels
la main qui les reçoit, comme celle qui
les fait, attache tant d'importance &
tant de prix; de-là ce confentement en
quelque forte regardé aujourd'hui comme indifpenfable & néceffaire, dont un
jeune cœur s'autorife pour s'avouer à lui-
même fon panchant en le traveftiffant
aux yeux d'autrui fous les couleurs de
l'obéiffance aux volontés de fes parens;
de-là enfin cette intervention des Miniftres de la Religion, qui, difpenfa-
teurs, felon eux, des bénédictions du
Ciel, pour donner une fanction nouvelle aux nœuds de notre hymen, nous

ont forcés à venir les ratifier jufqu'aux
pieds des autels. ——

Les fecondes nôces en s'éloignant
encore plus du vrai principe d'amour qui
s'y rencontre fi rarement, ne font plus
elles-mêmes aux mêmes dégrés de nos
idées. La honte quelquefois y remplace
la pudeur, & comme les époux qui con-
volent à de fecondes nôces, ne peuvent
plus s'attendre à la fleur du plaifir, de
même leur ame languiffante dans les
nœuds qui l'enchaînent, en fupporte-t-elle
longtems la durée fans regrets, à moins
que, par un bienfait du Ciel, ce nouveau nœud qui les raffemble, ne foit pour
eux la vraie rencontre de leur cœur.
Mais fi l'homme eft fi peu délicat, dans
les motifs qui déterminent un premier
engagement ; il eft encore bien plus
rare de le voir une feconde fois enchaî-
né des mêmes nœuds par un principe

plus parfait : auſſi la mort qui le dépouille, pourrit avec lui, ſes liens dans
le tombeau. Réduit dans un nouveau
Ciel à la ſpiritualité de ſon eſſence , il
voit l'amour tel qu'il doit être, & cherchant alors l'amour dans l'amour même,
il purifie ſon cœur dans de nouveaux
déſirs ; & ſelon que ce premier principe
d'amour a plus ou moins perdu, il retrouve ou plûtôt ou plus tard, l'objet
qui les a fait naître.

La polygamie qui avait beſoin peut-
être du frein de nos coûtumes, de nos
préjugés & de nos uſages, pour ne pas
être du goût général des ſiécles de corruption, eſt tellement en oppoſition
avec les principes de l'amour conjugal,
qu'à juger ſeulement ici - bas de la condition des peuples barbares, qui s'y ſou-
mettent, il eſt aiſé de juger du déſordre
qu'elle entraîne, & des abîmes où elle

conduit. Ces monftrueux abus, malgré
les loix qui les autorifent, n'en font pas
moins les fléaux deftructeurs de l'humanité, qui perd, chaque jour, dans
ces climats fauvages, en croyant y ga-
gner; parce que ce principe d'amour
divifé, en multipliant les efclaves du
fexe qui domine, en cherchant encore
à fe réunir à celle qui a la partie la plus
confidérable de fon tout, laiffe les autres pour l'ordinaire dans un état paffif,
qui les conduit infenfiblement à la langueur qui les deffeche, après les avoir
longtems brûlées du feu violent de leurs
défirs. En effet, la polygamie eft née
de la luxure, s'entretient de la luxure,
retourne à la luxure, ne cherche & ne
connaît que la brutalité du plaifir. Elle
connaît encore moins ces tendres épanchemens, ces affections précieufes, ces
fentimens délicats, qui femblent ména-

ger, préparer & difpofer la jouïffance ;
elle ignore enfin ces fecrets merveilleux
de l'amour pur, qui, en rapprochant,
refferrant & uniffant nos ames, nous font
défirer dans ces momens délicieux de
les voir unies & confondues pour toujours. Cependant en déplorant le fort
de ceux qui vivent fous fes loix, ne les
condamnons pas ; parce que le Ciel qui
a permis jufqu'au foulèvement de fes
premiers enfans, dans les abominations
de leur idolatrie, excufe encore aujour-
d'hui l'inconféquence de tous les cul-
tes, dans ceux qu'il n'a pas fait naître
dans le fien, pourvû qu'il n'y ait que
l'homme extérieur de corrompu, & qu'il
lui refte encore une étincelle de fa fpiritualité, pour régénérer fon principe,
& rallumer fous un nouveau Ciel, le feu
facré du véritable amour. ——

J'étais un jour occupé à rappeller dans ma mémoire tout ce que j'avais vû à différentes fois dans le monde des esprits, lorsque tout-à-coup je me vis environné d'un météore, qui se divisant, autour de moi, en différens globes de lumiere, plus ou moins éclatans les uns que les autres; je me sentis transporté par un phénomene qui m'avait été jusqu'alors inconnu. A l'entrée d'un palais magnifique dans son architecture & plus précieux encore par le marbre & le porphyre, dont il était bâti, nombre de jeunes gens paraissaient accourir des quatre parties du monde, avec le même empressement; je joignis un d'entr'eux, & lui ayant demandé le sujet, qui les rassemblait & la destination d'un si bel édifice, il m'apprit que c'était une école de sagesse, où chaque jour à la même heure on discutait quelque nouveau principe de vérité, devant des anciens plus inftruits & plus graves, qui décidaient & qui prononçaient à la gloire de ceux qui en approchaient le plus. La porte s'ouvrit, chacun entra, & je fuivis. L'intérieur répondait à l'élégance du dehors ; tout y paraiffait fublime pour le goût, merveilleux pour la richeffe & fans égal pour la majefté, qui fe trouvait jufques dans les moindres détails d'un endroit confacré à l'inftitution de la fageffe — Sous une eftrade furmontée d'un double dais était un vieillard, qui s'étant levé avec dignité, propofa pour la queftion du jour, la définition de notre ame, en défignant en même tems, & par ordre, tous ceux qui devaient répondre.

Le premier des Candidats qui devaient parler, s'étant placé fur une eftrade inférieure à celle du maître, il

confeſſa ingénuement que la difficulté de
la demande lui prouvait encore l'imper-
fection de ſes idées; je ne crois pas,
ajouta-t-il, que l'intelligence la plus
parfaite puiſſe entierement définir ſon
eſſence; parce que je regarde ſon principe comme un ſecret que la Divinité
a caché profondément dans les tréſors
de ſes myſteres. Je ne répéterai, dit un
ſecond, que ce que je viens d'entendre; & laiſſant à celui qui devait lui ſuc-
céder l'explication du théorême, il quitta la place, en avouant comme le premier, ſon inſuffiſance. Je ne connais
de notre ame, dit un troiſieme, que
l'eſpace qu'elle occupe & les effets qu'elle y produit. Cet eſpace eſt le cœur, où
le ſang toujours actif porté tour à tour
& rapporté, vient puiſer dans ce centre
qui la renferme, les émanations de cette eſſence, qu'il diſtribue dans toutes
les

les parties de notre individu, & qui,
felon la conftitution particuliere & propre à chacun de nos organes, s'y développent plus ou moins, felon qu'ils
font plus ou moins difpofés à fixer &
contenir fes influences. Ainfi voit-on
telle partie de notre être n'en retenir
qu'un principe de vie neutre & infenfible ; telle autre n'en conferver que la
fenfibilité & la chaleur ; telle autre enfin en raffembler affez, pour avoir trom-
pé la Philofophie fur fon foyer, en ne
reconnaiffant que le cerveau pour le premier fiège de nos idées ; fans confidé-
rer que ces influences accumulées ne s'y
fpiritualifent qu'en proportion des difpo-
fitions plus parfaites, qui les arrêtent
& qui les fixent. — Deux autres encore
s'accorderent fur cet efpace qui la renferme, en ajoutant que l'ame du premier homme ayant été formée du foufle

N

de la Divinité, elle avait été tranfmife d'âge en âge, des peres aux enfans, par le nouveau myftere d'une nouvelle émanation, qui entant que dérivée d'un principe divin, & par conféquent incorruptible, n'admettait aucun changement, aucune diminution, aucune altération dans fon effence. Approfondiffez encore, reprit celui qui préfidait, les caufes de votre fpiritualité, & vous parviendrez un jour, comme nous, à la connaiffance des vérités céleftes. Les prieres, les inftances, les follicitations n'en purent obtenir davantage, & l'on fe fépara.

Dans un autre tems, j'entendis difcuter, dans le même lieu, les charmes du beau fexe, & les graces de la beauté. — On y demandait entr'autres, fi la femme qui entretient fon amour-propre par la jouïffance de fes attraits, était encore capable d'aimer ? Cette nouvelle question ne fut pas plûtôt proposée, que trois femmes se présenterent, en réclamant le droit de décider d'une chose qui les regardait. Elles furent admises au débat, mais à la condition de ne répondre qu'après qu'elles auraient écouté. La premiere conclusion fut donc que la femme en soi, n'étant qu'une affection d'amour, que la beauté étant la forme de l'affection, comme l'envie de plaire l'effet de la beauté, il était non-seulement permis aux femmes de jouir intérieurement du plaisir d'être belles, mais encore que c'était retrancher de leur essence, que de leur ôter ce sentiment de leurs charmes; parce que l'indifférence d'une femme pour ce qui peut la faire aimer, suppose toujours en elle l'indifférence pour être aimée. La seconde conclusion fut que dans

les nœuds de l'hymen une femme ne pouvait plus fe permettre cette jouïffance,
abftraction faite de fon mari ; parce que
fi fes attraits avaient été les principes
éloignés de fon bonheur, ce n'était
qu'entant que l'envie de plaire avait rencontré dans fon cœur la difpofition d'aimer ; que par conféquent ces deux principes rapprochés l'un par l'autre, ne
pouvaient plus fouffrir de jouïffance fé-
parée, après s'être réciproquement confondus. ──

Les femmes parlerent à leur tour,
& s'applaudirent entr'elles de ce qu'on
n'avait pas tout dit ; vous avez refufé
de nous entendre, ajouterent-elles, &
nous nous tairons maintenant ; vous fau-
rez feulement que l'amour nous met dans
vos avantages & dans vos droits ; que
s'il vous tranfporte, s'il vous foumet nos
volontés, il nous foumet également vo-

tre intelligence, & qu'enfin c'eft par
elle que nous pouvons fentir jufqu'où
nous fommes aimées ; jufqu'où nous
vous aimons ; tandis que vous pouvez
à peine définir vous-mêmes jufqu'où vous
nous aimez. — Une voix, qui fe fit entendre, confirma ce qu'elles avaient dit.
Elles difparurent ainfi au grand regret
de ceux qui brûlaient d'en favoir davantage.

§. 10.

Caractères de l'amour conjugal dans la jaloufie des époux & leur tendreffe pour leurs enfans.

Il ne faut pas confondre la jaloufie qui
tient au véritable amour, avec ce caractere dangereux de défiance & de
foupçon à qui tout fait ombrage, & qui
produit par un tempérament bilieux,

porte indifféremment fur tous les objets qui l'intéreffent, le vice de fa conftitution & l'acreté de fon principe. La
jaloufie de l'amour eft une flamme qui
fe renouvelle, & qui s'excite par le vent
qui la contrarie; c'eft un feu qui retrouve une nouvelle force, une nouvelle ardeur dans fon élément contraire,
pourvû que la furabondance ne détruife
pas fon activité. C'eft un fentiment tendre & délicat qu'on peut appeller le dé-
fenfeur & le gardien de l'amour; c'eft
enfin entre deux époux, qu'un moment
d'erreur a divifé, le nœud qui refte à
l'offenfé pour retenir encore le coupable.
Jufques dans fes agitations, dans fes
tranfports, c'eft moins l'envie d'atta-
quer que l'intérêt de fe défendre, qui
la détermine; bien différente de ce fentiment impérieux qui affocie, dans l'a-
mour impur, la haîne, la vengeance &

la fureur contre l'objet de l'infidélité ;
ses premieres armes font des carefles,
les fecondes font des larmes & fes derniers efforts font de tendres reproches,
qui étaignent fouvent la vie dans la
fource douloureufe qui les a produits,
fans effacer en expirant le fouvenir de
l'infidele. ——

Cette forte de jaloufie eft donc à
jufte titre un fentiment naturel entre
deux cœurs véritablement unis par l'a-
mour ; parce que l'amour fur la terre
n'a pas encore vécu fans alarmes, &
que la poffeffion d'un bien délicieux
n'a pas encore exifté pour nous fans
la crainte de nous le voir ravi.

Tel qui fait gloire de fon infenfibilité fur l'apparence de l'outrage, tel
qui cherchant lâchement fes avantages
dans le trafic honteux de fes droits,
paye fon aifance par l'opprobre & fon

bien-être par l'infamie ; tel enfin qui n'attribuant qu'aux préjugés la honte de l'affront, dédaigne, brave & méprise l'atteinte qu'il fait à notre honneur ; ce sentiment que je dépeins n'est pas fait pour leur cœur, sa source est déja corrompue dans leur sein ; son principe est pourri dans leur ame, leur jouïssance est coupable, leur plaisir criminel, leur existence impure, leur spiritualité presque détruite, & souvent ce qu'il en reste après eux ne sert qu'à commencer leur supplice & quelquefois à perpétuer leurs peines & leurs tourmens.

L'amour conjugal a encore un caractere qui lui est propre, & qui prouve également sa vérité ; c'est ce sentiment d'affection & d'entrailles qui nous force à chérir nos enfans; c'est cette tendresse commune, & en même tems si précieuse, qui naît de cet amour, pour l'entretien & la conservation de leur existence. C'est cette magnésie de notre sang, qui, comme une source d'eau vive, qui porte sans cesse ses ondes sur les traces de celles qui sont sorties de son sein, fixe, rassemble & réunit tous nos soins, toutes nos caresses, tous nos sentimens, sur les fruits attendrissans de notre amour.

La Providence, en plaçant pour la conservation de ses œuvres dans la sphere universelle des êtres, ce sentiment de réunion, d'attraction & d'amour qui leur est commun à tous, y plaça également ce sentiment d'affection qui veille aux fruits de leur reproduction, & qui se retrouve dans tous les règnes de la nature, au point de ne pouvoir l'y méconnaître. Jusques aux plantes, jusques aux fleurs, marquent dans les replis ingénieux d'une étamine préparée de la

partie la plus pure de leur substance ;
le duvet où repose mollement le germe
de leur fécondité ; jusqu'aux animaux
les plus féroces nous retracent également
l'image d'un sentiment si doux ; parce
que comme dans l'ordre de la création
rien ne fut formé sans le désir de se reproduire , rien n'existe sans le sentiment
intérieur de la conservation de ce qu'on
a produit. C'est néanmoins dans les différentes nuances de ce sentiment qu'il
faut chercher celui qui devient le caractere précieux de l'amour conjugal, puis-
qu'il est universellement répandu , & que
plus ou moins parfait c'est peut-être de
tous ceux qui sont en nous, celui qui ne
se dénature jamais entierement ; puis-
qu'il fut établi par le Créateur pour veiller à la création successive & à la propagation générale de tous les êtres.
Il faut encore distinguer sa spiritualité,

qui le rapporte au véritable amour, avec lequel il se confondit. Cette simple conséquence du seul plaisir de se régénérer, que la Providence a sensiblement placée dans la nature de toutes choses, d'où l'on doit distinguer également l'affection rélative à son principe, est celle qui ne se rapporte simplement qu'aux conséquences communes à tous les êtres qui existent pour y participer. C'est dans l'examen de ses nuances, qu'en rencontrant généralement ce sentiment d'attachement on s'appercevra de la différence de ses effets & de ses causes. Celles qui sont particulieres à l'affection qui dérive du véritable amour, naissent d'un attrait de l'innocence, pour ce qui lui rapelle son image. On aime alors sans l'objet de soi-même, & les époux sensibles & délicats sont seuls capables de rencontrer dans leurs caresses pour leurs enfans, la différence qui se trouve entre le panchant de leur cœur & le mouvement de la nature. Toute acception, toute préférence, toute inégalité est encore un crime du sang, & par conséquent, le vice secret des nœuds qui nous unissent. Comme cette inégalité dans le partage de l'affection est déja la distribution d'un cœur corrompu, il est ordinaire qu'elle corrompe celui qui en est l'objet. Telle est souvent la premiere cause du désordre de l'ingratitude & de l'oubli de nos enfans, qui, refusant d'acquitter à leur tour par la reconnaissance, les avances de notre faiblesse, flétrissent nos derniers momens par les remords de notre injustice & les larmes qu'ils nous font répandre.

D'après tout ce que je viens d'écrire, que me reste-t-il à conclurre ?

sinon qu'il n'est pour nous qu'un seul
& unique bonheur dans tous les mondes ; que ce bonheur vient du bien ;
que ce bien vient de la vérité ; que
la vérité vient de ce principe incom-
préhensible de sagesse, qui unit dans
tous les cœurs le désir de s'unir & le
besoin d'aimer ; que la perfection de
notre être entant que substance di-
visée en soi, dépend de notre application constante à la recherche de l'objet, auquel nous devons nous unir ;
que c'est dans la rencontre heureuse
de cet objet, & dans ce point seul
de réunion qu'existe essentiellement
le véritable amour, l'amour conjugal,
l'amour pur, qui est seul, comme je
l'ai assuré, comme je l'assure encore,
d'après ce que j'ai vû, d'après ce qui
m'a été révélé dans la sphere des intelligences célestes, le terme de notre

deſtinée pour arriver à la félicité ſu-
prême ; qu'en un mot cet amour principe de toutes choſes, tréſor de tous
les biens, eſt en ſon eſſence l'émanation de la Divinité, la vie de la nature, & l'unité de l'ame de tous les
mondes. ⸺

www.ingramcontent.com/pod-product-compliance
Lightning Source LLC
Chambersburg PA
CBHW070619100426
42744CB00006B/550